제2차 세계대전 중 일본계 미국인들*이 강제 구금되어 있던

라나다

로워
제롬

* 시민권을 취득할 수 없는 이민 1세대
이세이와 미국에서 태어난 니세이 모두
일본계 미국인으로 칭한다.

** 전쟁 이주 당국에서 운영한 곳. (여기에
나와 있지 않은) 이민귀화국에서 운영한
수용소는 주로 독일인, 이탈리아인,
일본인 등 '적국' 출신들을 수용했다.

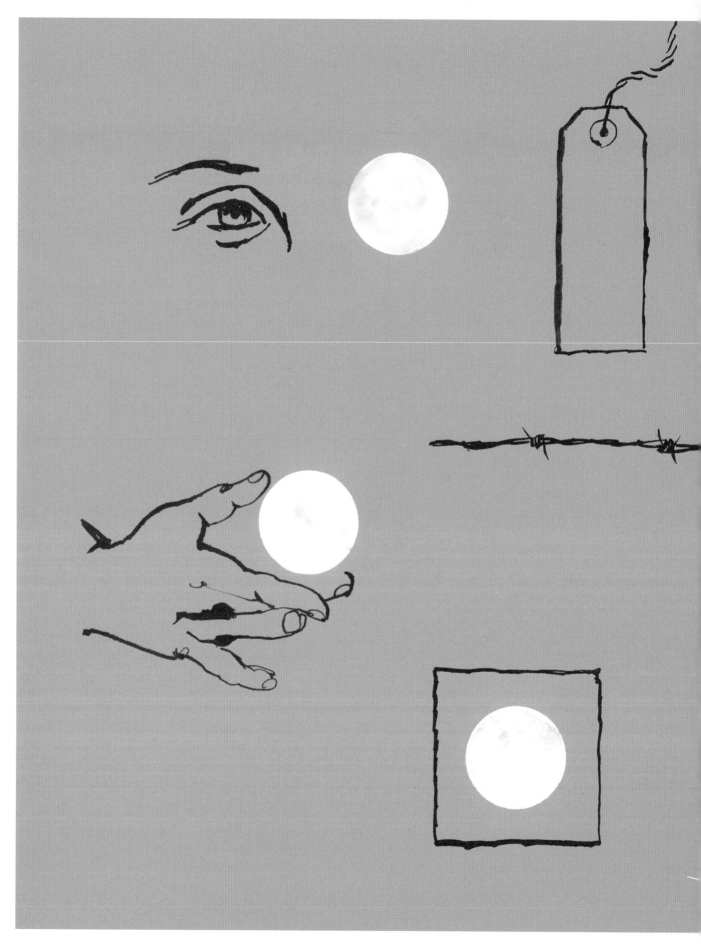

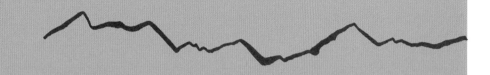

지운, 지워지지 않는

사진이 들려주는 전쟁과 인권 이야기

엘리자베스 파트리지 글 | 로런 타마키 그림 | 강효원 옮김

너머학교

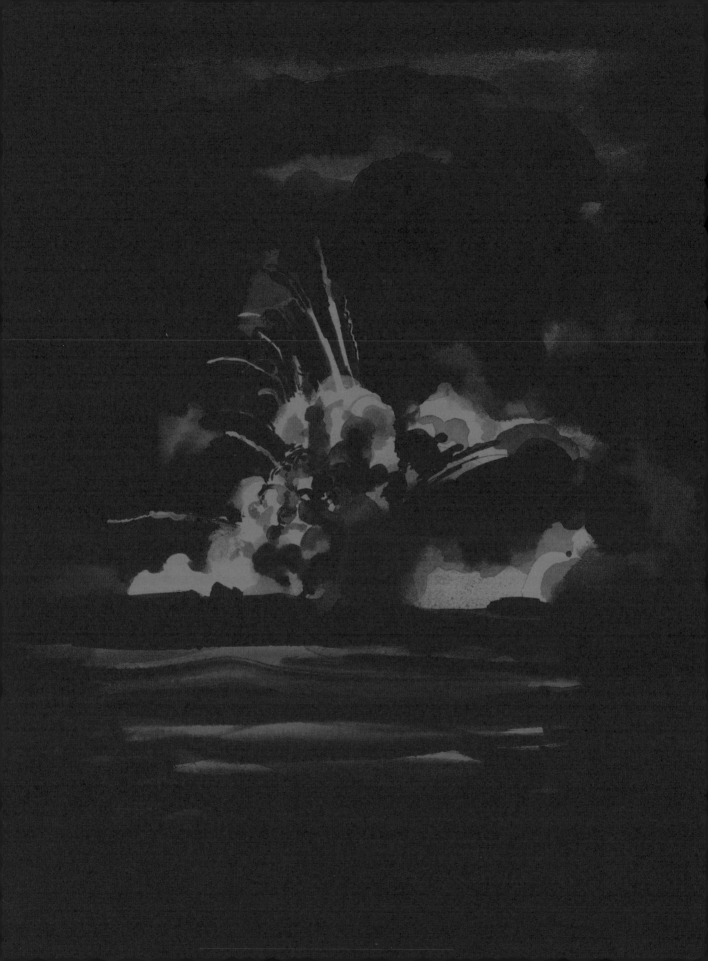

1941년 12월 7일 이른 아침,
일본이 하와이 진주만 미 해군기지를 폭격했습니다.

몇 시간 뒤 로스앤젤레스의 패러웨이.
토요 미야타케가 근사한 결혼사진을 찍고 있었습니다.
갑자기 미국 정부 요원들이 들이닥치더니
몇몇을 체포해 어디론가로 데려갔습니다.

8

TOYO Miyatake

서부 해안 곳곳에서, 은행가, 성직자, 신문기자, 심지어 교사들까지,
일본계 미국인 사회 지도자들이 줄줄이 잡혀갔습니다.

그들을 어디로 그리고 왜
데려갔을까요?

가족들은 어떤 정보도
듣지 못했습니다.

다음 날,
미국은 일본에
전쟁을 선포했습니다.

일부 미국인은 일본군이 미국 본토를 다시 공격하지 않을까 두려워했습니다.
서부 해안을 따라 살고 있는 일본계 미국인들이 미국 정부를 방해하려 할까?
미국 항구 어디로 숨어들면 될지 어부들이 일본 잠수함에 신호를 보냈을까?
농부들이 들판에서 일본군에게 암호 무선 메시지를 보내지는 않을까?
소문은 입에서 입으로, 신문에서 신문으로 꼬리를 물고 퍼져 나갔습니다.

일본인 출입 금지

수트로 배스에서 수영하여 이자와 싸울 준비를 하세요!

I AM AN AMERICAN

나는 미국인입니다

미국 정부는 모든 일본계 이민자에게 신속히 조치를 내렸습니다. 라디오와 카메라, 무기를 밀수품으로 여겨 압수했습니다. 은행 계좌는 동결되어서 자기 돈을 찾을 수 없었습니다. 통행금지와 여행 제한 조치가 내려져, 집에서 8km 이상 이동하는 것이 금지되고 저녁 8시까지는 꼭 집으로 돌아가야 했습니다.

"대체 어떤 사람이 미국인일까요?"

일본인들과 일본계 미국인들도 두려워했습니다. 그들은 '적의 얼굴'을 하고 있었습니다. 자신이 미국 정부를 배신하지 않는다는 것을 보여 주어야 했습니다. 어머니들은 옷장에서 기모노를 꺼냈고, 아버지들은 벽에서 서예 작품들을 떼어 냈습니다. 일본의 친척들이 보낸 책과 편지, 사진이 수북이 쌓였습니다.

모두 불태워졌습니다.

1942년 4월 20일, 국기에 대한 충성을 맹세하는 어린이들

이세이들에게 무슨 일이 일어날지 그 누구도 알지 못했습니다. 이세이는 미국에 이민 왔지만 시민권은 얻지 못한 나이 든 일본인입니다. 그들의 자녀, 즉 미국에서 태어나 시민권을 얻은 일본계 미국인인 니세이들은 어떻게 될까요?

"나도 모르겠구나.
너희 엄마와 나한테 무슨 일이 생길지."
훗날 미국 하원의원이 될 노먼 미네타의 아버지는
노먼과 네 남매에게 말했습니다. 아버지는 이세이입니다.
"이것만은 기억하렴. 너희는 모두 미국 시민이고
여기가 너희 집이야. 그 누구도 너희에게서
그 무엇도 빼앗아 갈 수 없단다."

그는 틀렸습니다.

1942년 2월 19일, 프랭클린 D. 루스벨트 대통령은 행정명령 9066을 내렸습니다. 일본계 이민자 12만 명 이상을 서부 해안에서 이주시킬 권한을 담은 것이었습니다.

정부는 이를 '대피'라고 불렀습니다.

'피난민'들은 '수용소'가 준비되기 전까지 '집합 시설'로 보내질 예정이었습니다.

WESTERN DEFENSE COMMAND AND FOURTH ARMY
WARTIME CIVIL CONTROL ADMINISTRATION
Presidio of San Francisco, California
April 20, 1942

INSTRUCTIONS
TO ALL PERSONS OF
JAPANESE

WESTERN DEFENSE COMMAND AND FOURTH ARMY
WARTIME CIVIL CONTROL ADMINISTRATION

Presidio of San Francisco, California
April 20, 1942

INSTRUCTIONS
TO ALL PERSONS OF
JAPANESE
ANCESTRY

아래의 지역에 거주 중인 모든 일본계 혈통들에 대한 지침

All that portion of the County of Los Angeles, State of California, within the boundary beginning at the point where the Los Angeles-Ventura County line meets the Pacific Ocean; thence northeasterly along said county line to U. S. Highway No. 101; thence easterly along said Highway No. 101 to Sepulveda Boulevard; thence southerly along Sepulveda Boulevard to Wilshire Boulevard; thence westerly on Wilshire Boulevard to the limits of the City of Santa Monica; thence southerly along the said city limits to Pico Boulevard; thence easterly along Pico Boulevard to Sepulveda Boulevard; thence southerly on Sepulveda Boulevard to Manchester Avenue; thence westerly on Manchester Avenue and Manchester Avenue extended to the Pacific Ocean; thence northwesterly across Santa Monica Bay to the point of beginning.

당해 본부는 1942년 4월 20일 자로 발효된 민간인 배제 명령 제7호 규정에 따라, 외국인/내국인 여부를 불문하고 모든 일본계 혈통을 지닌 자들은 1942년 4월 28일 낮 12시까지 위 지역에서 대피할 것을 명한다.

1942년 4월 20일 월요일 낮 12시 이후부터, 위 지역에 거주하는 일본인은 민간인 통제소의 남부 캘리포니아 구역 담당 사령관으로부터 특별 허가를 취득하지 않고서는 주거지를 변경할 수 없다.

2422 Lincoln Boulevard, Santa Monica, California

Such permits will only be granted for the purpose of uniting members of a family, or in cases of grave emergency.

The Civil Control Station is equipped to assist the Japanese population affected by this evacuation in the following ways:

1. Give advice and instructions on the evacuation.

2. Provide services with respect to the management, leasing, sale, storage or other disposition of most kinds of property, such as real estate, business and professional equipment, household goods, boats, automobiles and livestock.

3. Provide temporary residence elsewhere for all Japanese in family groups.

4. Transport persons and a limited amount of clothing and equipment to their new residence.

The Following Instructions Must Be Observed:

1. A responsible member of each family, preferably the head of the family, or the person in whose name most of the property is held, and each individual living alone, will report to the Civil Control Station to receive further instructions. This must be done between 8:00 A. M. and 5:00 P. M. on Tuesday, April 21, 1942, or between 8:00 A. M. and 5:00 P. M. on Wednesday, April 22, 1942.

2. 대피 대상자는 접수 센터로 출발할 때 다음의 물품을 가져와야 한다.

(A) 각 가족 구성원을 위한 침구류(매트리스 제외)　　(B) 각 가족 구성원을 위한 화장실 용품

(C) 각 가족 구성원을 위한 여분의 의류　　(D) 각 가족 구성원을 위한 충분한 나이프, 포크, 숟가락 및 식기

(E) 각 가족 구성원을 위한 필수적인 개인 소지품

모든 휴대품은 단단히 포장한 후 소유자의 이름을 명확하게 표시하고, 민간인 통제소의 지침에 따라 번호를 표기하여야 한다. 짐의 크기와 개수는 각 개인 또는 가족이 휴대할 수 있는 크기와 개수로 제한된다.

The size and number of packages is limited to that which can be carried by the individual or family group.

3. 어떤 종류의 반려동물도 허용되지 않는다.

4. The United States Government through its agencies will provide for the storage at the sole risk of the owner of the more substantial household items, such as iceboxes, washing machines, pianos and other heavy furniture. Cooking utensils and other small items will be accepted for storage if crated, packed and plainly marked with the name and address of the owner. Only one name and address will be used by a given family.

5. Each family, and individual living alone, will be furnished transportation to the Reception Center. Private means of transportation will not be utilized. All instructions pertaining to the movement will be obtained at the Civil Control Station.

Go to the Civil Control Station between the hours of 8:00 A. M. and 5:00 P. M., Tuesday April 21, 1942, or between the hours of 8:00 A. M. and 5:00 P. M., Wednesday, April 22, 1942, to receive further instructions.

J. L. DeWITT
Lieutenant General, U. S. Army
Commanding

SEE CIVILIAN EXCLUSION ORDER NO. 7.

진실

이것은 '대피'가 아니었습니다.

사람들은 화재나 홍수 등 비상 상황 시 대피합니다.
'대피'는 강제 이동입니다. 대피 명령을 준수하지 않아
형사 기소된 일본계 미국인은 거의 없었습니다.

'집합 시설'은 무장 군인이 지키고 담장이 둘러쳐진 임시
구금 시설이었습니다.

'억류' 또는 '격리 이주' 수용소는 사실상 일본인들과
일본계 미국인들을 제2차 세계대전 기간 대부분 동안
감금한 구치소였으며, 미국 형사 사법 체계와는 별개로
운영되었습니다.

'피난민'은 곧 수감자들이었습니다.

"단어라는 것은 거짓도 진실도 말할 수 있다."
– 아이코 헤르치히 요시나가

캘리포니아 인근 모든 쪽발이 퇴출

21

도로시아 랭

1942년 3월~1942년 7월

전쟁 격리 이주 당국(WRA) 소속으로 사진 촬영

샌프란시스코 인근 지역에서, 도로시아 랭은 서부 해안의 모든 일본인과 일본계 미국인의 일제 검거 및 강제 이주 과정을 촬영해 달라는 요청을 받았습니다. 당국자들은 이 과정이 인도적이고 질서정연하게 이루어졌음을 보여 주는 기록용 사진을 남기고 싶어 했죠.

도로시아는 정부의 계획에 경악을 금치 못했습니다. 기소도 없고, 재판받을 권리도 누리지 못한 사람들이 갇히는 것이었으니까요. 이는 미국에서 불법이었습니다. 그러나 전쟁 중이었고, 일본계 미국인들의 권리는 일시 정지된 상태였습니다.

거부할 수 있었지만, 도로시아는 그 일을 맡기로 했습니다. 정부가 하는 일들이 부당하고 비민주적임을 사진으로 보여 주고 싶었습니다.

매일매일, 도로시아는 새벽에 일어나 도시와 농장에서 사진을 찍었습니다.

일본계 미국인들이 임시 구금 시설로 보내지기 전에 어떻게
살고 있었는지 보여 주는 일은 중요했습니다.

그녀는 최선을 다했습니다.

사진 촬영을 할 수 있을 만큼의 불빛만 있으면,

계속 사진을 찍었습니다.

도로시아가 사진을 찍는 동안, 일본계 미국인들은 고통스러운 결정을 내리고 있었습니다. 준비할 시간이라고는 고작 몇 주뿐이었습니다. 그사이에 소지품을 맡기거나 자동차와 값나가는 소유물을 팔아야 했습니다. 반려동물을 떠나보내야만 했습니다.

일본인 농부들은 캘리포니아의 과일과 채소 절반 가까이를 재배하고 있었습니다. 정부는 마지막 날까지 농사일을 계속하라고 지시했습니다. 농작물이 버려지기를 원하지 않았으니까요.

한 농부는 구금 시설에 출두하기 전 딸기 수확을 위해
24시간 집행 연기를 받으려 했습니다. 하지만 그럴 수
없자 좌절하여, 다 익은 딸기를 모두 갈아엎었습니다.
이튿날 연방수사국(FBI)은 사보타주(방해 공작 행위)를
저질렀다는 이유로 그를 체포했습니다.

각 가정에 번호가 배정되었습니다. 그들은 이제 이름이 아니라 번호로 불렸습니다. 참담한 일이었습니다.

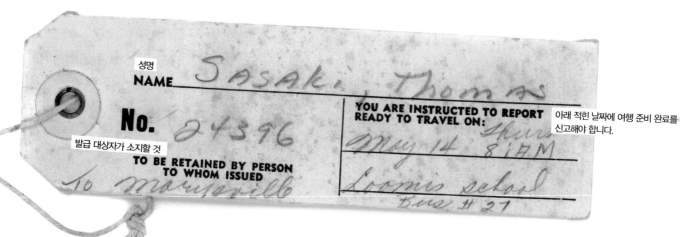

모치다 가족이 대피 버스를 기다리고 있다.

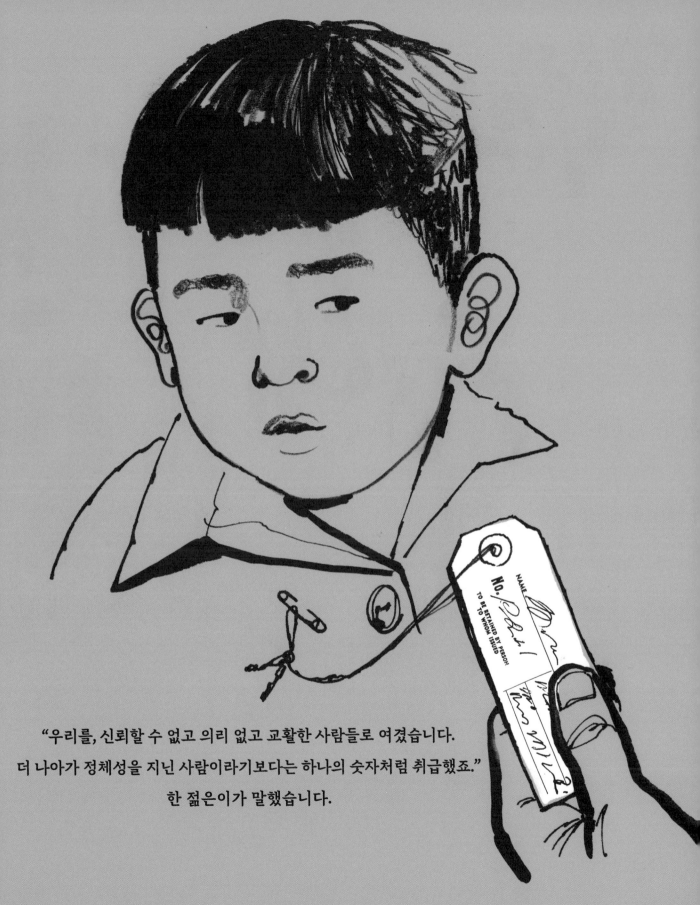

"우리를, 신뢰할 수 없고 의리 없고 교활한 사람들로 여겼습니다.
더 나아가 정체성을 지닌 사람이라기보다는 하나의 숫자처럼 취급했죠."
한 젊은이가 말했습니다.

버스 정류장과 기차역으로 모인 가족들은 구금 시설로 끌려갔습니다.
어떻게 느꼈는지에 상관없이 그들은 협조하고 인내하려고 노력했으며,
미국에 대한 충성심을 보이려고 애썼습니다.

직접 들고 나를 수 있는 것만 가져가도록
허용되었습니다.

10만 명 넘는 사람이 집을 떠나야 했습니다.
차창이 가려진 버스와 차양을 내린 기차를 타고서요.

여섯 살 에이미 이와사키는 자신과 가족, '모든 일본계 미국인이
너무 나쁜 짓을 해서 사람들이 쳐다보고 싶어 하지도 않는다.'고
생각했습니다.

탄포란 집합 시설은 임시 수용소 17곳 중 하나로,
샌프란시스코 남쪽으로 몇 킬로미터 떨어진 곳에 있습니다.
사람들이 도착했을 때, 도로시아가 카메라를 들고 대기하고
있었습니다. 군대가 주둔하기 전 이곳은 경마장이었습니다.

각 가정에는 허름한 막사나 낡은 마구간, 옆에 딸린 창고 방이 하나씩 배정되었습니다.
영구적인 수용 시설이 마련될 때까지 이 좁은 방에서 지내야 했습니다. 치우고 회반죽으로
칠했지만, 마구간에는 말의 고약한 배설물 냄새가 여전히 배어 있었죠.

개인마다 커다란 천 자루가
지급되었고, 자루를 짚으로
채우라는 지시를 받았습니다.
유일한 매트리스였습니다.

C-584

Impounded

한 사람이 말했습니다

"끔찍했어요. 정부는 말을 빼내고 우리를 집어넣은 거죠. 마구간에서 지독한 악취가
났어요. 비참했지만 아무것도 할 수가 없었습니다. 감옥 같았어요. 경비원들이
늘 지키고 있었고, 주변은 온통 철조망으로 둘러싸여 있었거든요."

도로시아는 식사를 받기 위해 길게 줄을 서서 기다리는 수감자들의
사진을 찍었습니다. 저녁 식사로는 통조림 고기, 시금치와 삶은 감자,
빵 한 조각이 지급되었습니다.

몇몇 사람은 기분을 북돋을 방법을 찾아냈습니다.

미네 오쿠보는 (프라이버시를 위해) 가짜
격리 표지판을 내걸었습니다.

가족들은 마당에 식물을 심었습니다.

벌레 잡기 시합도 열었습니다.

협의회의 직책을 맡기 위해 출마하기도 했습니다.

"모두가 외로웠고, 미래를 불안해했어요. 우리는 마음 깊이
분노를 느꼈죠. 우울하고 복잡한 기분이었습니다."
사다에 타키자와가 말했습니다.

도로시아는 집으로 돌아와 스튜디오에서 필름을 현상하고 각각의 필름에서 사진을 두 장씩 인화했습니다. 가능한 많은 정보를 넣어 주의 깊게 사진 설명을 적어 넣었죠.

자신이 다녀온 곳, 주유비, 주차비, 다리 통행료까지 상세한 목록을 작성했습니다. 지출한 모든 내역을 보고해야 했으니까요.

그다음 그녀는 베이브리지를 지나 샌프란시스코까지 운전해서 갔고, 군대 내 서부 방위사령부의 비즐리 소령에게 모든 것을 제출했습니다.

두 사람은 사이가 좋지 않았습니다.

그녀는 자신의 작업을 그가 통제하는 것이 마음에 들지 않았습니다. 그는 도로시아가 못 미더웠고, 그녀가 찍은 사진이 수감자들이 처한 가혹한 여건을 드러낼지도 모른다고 의심했습니다.

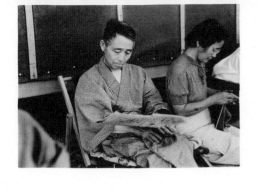

Impounded　　　　　　C-779

Impounded　　　　　　C-671

Acq. impounded by Beasley　　　C-602

그녀가 떠난 뒤 그는 모든 사진을 검열했습니다. 전쟁 중에 공개되지 않았으면 싶은 사진들에는 비서를 시켜 '압수'라고 적어 두었습니다.

몇몇 그의 선택은 말도 안 되는 것이었습니다.

하지만 최종 결정권은 그에게 있었습니다.

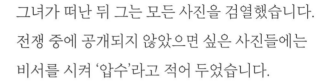

A-584

Impounded　　　　　　C-532

↑　　　　　　　　　　　　　　↑

왜 이 사진은 '압수' 대상이고, 이 사진은 아닌 것일까요?

43

1942년 6월, 수감자들은 또다시 이송되었습니다. 도로시아는 곧바로 일본인과
일본계 미국인이 가득한 버스들을 뒤따랐습니다. 맨재너 격리 수용소로
향하는 길고 황량한 캘리포니아의 도로를 몇 시간 동안 운전했습니다.
맨재너 수용소는 정부가 설치한 전시 격리 이주 수용소 열 곳 중 하나입니다.
맨재너는 로스앤젤레스에서 북동쪽으로 400킬로미터쯤 떨어져 있으며,
시에라네바다산맥과 인요산맥 사이에 있는 고원 사막 지대입니다.

도로시아는 도착하자마자 곧바로 사진을 찍고 싶었습니다. 하지만 서류와
카메라를 확인하고 또 확인하는 동안 씩씩대며 기다릴 수밖에 없었습니다.
마침내 허락을 받았지만, 촬영을 통제할 새로운 수단이 있었습니다. 경비병이
곁에서, 그녀가 아래 규칙들을 지키는지 주의 깊게 감시하는 것이었죠.

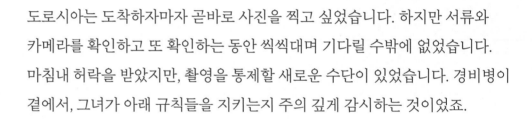

✗ 공용 샤워실이나 화장실 촬영 금지.

✗ 기관총과 탐조등이 있는 감시탑 촬영 금지.

✗ 수용소를 둘러싸고 있는 높은 철조망 울타리 촬영 금지.

"내 아이들이
철조망 뒤에 서 있는 모습을
보리라고는 한 번도
상상한 적 없었습니다."
어느 아버지가 말했습니다.

맨재너의 모래 폭풍

각 가정마다 6.1X7.6미터의 공간이 할당되었습니다.

도로시아는 보여 주고 싶었습니다. 일본인들과 일본계 미국인들이 얼마나 힘들게 이 상황을 견딜 만한 것으로 만들려고 애썼는지를 말입니다.

타르 종이로 덮인 막사는 포로들이 도착했을 때 안이 거의 비어 있었습니다.

그들은 프라이버시를 위해 시트로 가리고

간단하게라도 벤치와 의자를 만들기 위해 나무 목재를 주워 모았습니다.

도로시아는 채소밭을 일구려고 산쑥 덤불을 제거하는 농부들, 묵은 때를 닦으며 청소하고 작은 정원에 식물을 가꾸는 여성들의 사진을 찍었습니다.

야구팀이 꾸려졌고, 모두 구경하러 나왔습니다.

책상도 의자도 없었지만, 곧바로 수업이 시작되었습니다.

어떻게 하면 수용소가 가정처럼 느껴질까요?

혹독한 사막의 여름날은 지독하게 무더웠습니다. 휘몰아치는 바람이
수용소 전체에 모래를 날렸습니다. 밖에서 줄을 서서 식사와 샤워를
기다리는 동안 모래가 얼굴을 따갑게 하고 머리카락에 들러붙었습니다.

아이들은 사막 땅에 있는 방울뱀과 전갈을 조심하라는 경고를 들었습니다.
총을 든 경비병이 지켜보는 철조망 울타리 근처에는 절대로 가지 말라는
얘기도 들었습니다.

"아침에 일어나서 매트리스를 보면요, 온통 모래로 뒤덮여 있었어요.
이를 쓸어 보면 모래가 느껴졌어요. 코를 쥐면 모래로 꽉 막혀 있었죠."
아치 미야타케는 말했습니다.

지루하고 불안해하던 포로 중 상당수가 수용소에서 일자리를 구했습니다. 대부분은 식량이 될 만한 것을 재배하고, 요리를 하며, 수업을 하고, 의료 서비스를 제공하면서 수용소 운영을 도왔습니다. 몇몇 작업은 군대를 위한 것이었는데, 제네바 협약의 규정에 따르면 일본 시민인 이세이는 미국의 전쟁을 도울 수 없었습니다. 하지만 미국에서 태어난 니세이는 해외의 군용 건물과 차량을 숨기기 위한 위장망을 매달 수천 개씩 만들었습니다.

숙련된 니세이들은 식물을 재배하는 차광육묘실에서 일했습니다. 전함, 폭격기 및 기타 군사 장비에 필요한 천연고무의 생산을 늘리기 위해 애썼습니다.

월요일부터 금요일까지는 온종일, 토요일에는 반나절만 일하면서, 매달 16달러씩 받았습니다. 외부에서 받는 임금의 10분의 1 정도였습니다.

포로수용소 당국의 규칙에는 포로들은 "음식, 쉼터, 의료 및 구호 서비스를 받게 될 것"이라고 규정되어 있었습니다. 당연히 그랬을 것입니다. 그들은 감옥에 있는 것이었으니까요.

미국 정부의 전쟁을 돕는 것을 거부한 몇몇 사람은 가족과 함께 갇혔습니다. 많은 이가 일본에 친척이 있었습니다. 일본의 친지에게 해를 끼치거나 고국을 파괴한다는 생각은 상상만으로도 고통스러웠습니다.

도로시아는 어떤 사진을 찍든, 이미지에 여러 겹의 의미를 부여했습니다.
단순해 보이는 할아버지와 손자의 사진은 질문을 던지는 듯합니다. 미국 정부는
왜 노인과 갓난아이를 가두었을까요? 그들이 국가 안보에 어떤 위협이 될까요?

어느 날 밤, 도로시아는 극심한 복통을 느끼며 침대에 누운 채 공포에
휩싸였습니다. 미국은 국민의 권리를 이렇게 빼앗으면서 도대체 어디를 향해
가고 있을까? 그녀는 거대한 불의에 압도되는 것 같았습니다.

7월 초, 도로시아의 작업이 끝났습니다. 정부는 원하는 사진들을 확보했습니다.

도로시아는 사진들이 강력한 메시지를 전하기를
바랄 수밖에 없었습니다. 그녀는 말했습니다.
"이것이 우리가 한 일입니다. 어떻게 이런 일이 일어났을까요?
어떻게 그럴 수 있었죠?"

농부 토라조 사카우예와 손자 월터 요시하루 사카우예

10개월 후, 토라조는 수용소에서 사망했습니다.

토요 미야타케

1942년~1945년 수감
1942~1945년 맨재너에서 촬영

토요 미야타케 가족은 맨재너에서 9975번 가족이었습니다. 20번 블록의 12번 건물 아파트 4호에 살았습니다. 사촌까지 여섯 명이 작은 방 하나를 같이 사용했습니다.

토요의 장남인 열여덟 살 아치는 삶이 바뀌었다는 것을 믿을 수 없었습니다.
로스앤젤레스에 있는 루스벨트 고등학교의 선생님들과 친구들 곁을 떠나
이제 여기서 살아야 한다고요?

토요　　　히로　　로버트 히로노부　리처드 타케오　　아츠후미　　미네코
　　　　　　　　　　'밥'　　　　　'타보'　　　　'아치'　　　'미니'

어느 날, 토요는 아치를 안으로 불러서 렌즈를 보여 주며 말했습니다.
"카메라 렌즈를 몰래 갖고 들어왔어. 사진을 찍을 수 있는 필름 홀더도 있지."
목공소에서 일하는 한 친구가 토요에게 카메라 본체를 만들어 주겠다고 약속했습니다.

아치는 깜짝 놀랐습니다. 아버지가 큰 위험을 무릅쓰고 있다고 생각했습니다. 걸리기라도
하면 어쩌지? 하지만 토요는 결연했습니다.

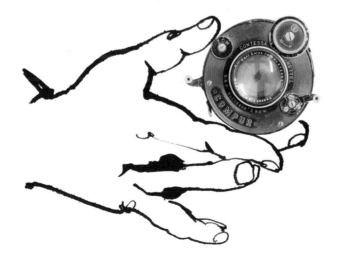

"나는 모든 것을 기록해야 해. 이런 종류의 일이 절대 다시 일어나서는 안 돼."
토요가 아치에게 말했습니다.

'도시락' 카메라

아무도 보지 않을 때, 토요의 친구는 작은 나뭇조각들을 정성 들여 꼼꼼하게 끼워 맞추고 사포질로 매끄럽게 다듬어 카메라 본체를 완성했습니다.

이제 토요는 카메라에 쓸 필름 구할 방법만 알아내면 되었습니다.

 앞면　　　뒷면

경첩형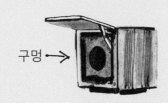

구멍 →

렌즈

 렌즈(옆모습)

 배수관

 동료 수감자가 배수관에 렌즈를 붙임.

개조된 렌즈는 나사로 고정해 초점 장치로도 작동.

 불투명 유리

 앞면

뒷면

 불투명 유리를 끼워 넣기.

이미지 보기.

 필름 홀더에 담긴

 값비싼 필름!

불투명 유리를 제거하고 네거티브 필름 두 개가 담긴 필름 홀더를 넣음.

 셔터

검은 슬라이드를 빼내고 필름을 노출하기 위해 셔터를 누름.

필름 홀더를 뒤집고 반복.

 노출 필름 빼내기.

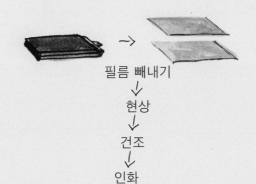 필름 빼내기

↓

현상

↓

건조

↓

인화

 완성된 인화지 두 장

수많은 백인 미국인이 수용소에서 일하고 있었고, 다른 백인들도 자유롭게
드나들었습니다. 매주 외판원들이 와서 물건을 주문받아 다음 주에 수용소로
가져왔습니다. 우연히 한 외판원이 토요의 오랜 친구였고, 필름과 암실 화학
물품들을 수용소에 몰래 들여오기로 했습니다. 당국의 감시 속에서도
밀반입에 성공했습니다.

외판원이 겉옷을 복도에 걸어 둡니다.

군 경찰과 함께 일하는 일본계 미국인 수감자가
코트에서 공급품들을 빼냅니다.

토요에게 가져다줍니다.

들키기라도 하면 체포되어 어디론가 끌려갈지도
몰랐습니다. 토요는 신중했습니다. 다른 사람들이 일어나기 전 이른
아침 햇살 속에 막사를 빠져나왔습니다. 도로시아가 촬영 금지당한
사진도 몇 장 찍을 수 있었습니다.

밤이 되어 어둡고 캄캄해지면 자신의 아파트에서
필름을 현상하여 인화했습니다.

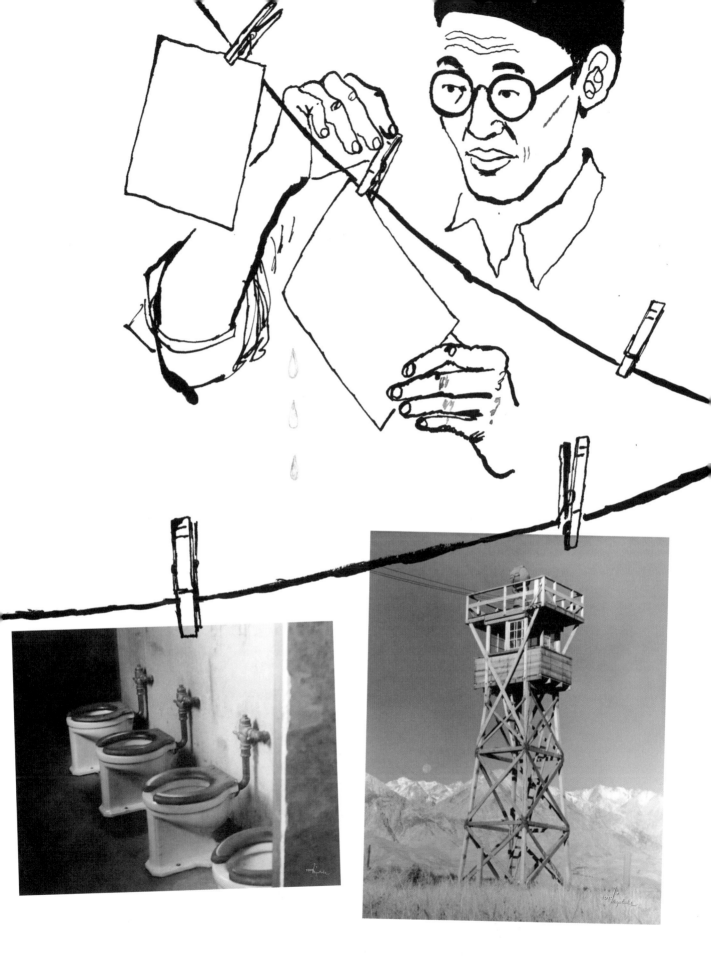

겨울이 되자 기온이 급격히 떨어졌습니다.

수용소에는 긴장감이 감돌았습니다.

당국에 어느 정도 협조해야 할까요?
일부는 미국 정부를 신뢰했지만 일부는 믿지
않았습니다. 12월 어느 날 밤, 한 수감자가
의견이 다른 수감자 다섯 명에게 구타를
당했습니다.

공격한 용의자 중 한 명이 작은 맨재너 감옥에 갇혔습니다.

소문은 빠르게 퍼졌습니다. 수천 명이 그의 석방을
요구하려고 행정동 건물 주변으로 모여들었습니다.

토요는 막사에 머물러 있었습니다. 사진을 찍을 수 있는 불빛도 없었습니다.
커다란 카메라를 들고 갔다가는 잡힐 수도 있었습니다.

시위대는 감금되어 있다는 사실, 대량으로 조리된 음식, 불편한 밀짚 매트리스, 여름의 끔찍한 먼지 폭풍, 얇은 벽을 뚫고 스며드는 혹독한 겨울의 추위까지, 모든 것에 지쳤습니다. 통에 불을 피우고 서로를 격려하기 위해 일본 노래를 불렀습니다. 몇 시간이 흘렀지만, 그들은 막사로 돌아가지 않았습니다.

그 이후에 대해서는 사진 기록이 없습니다.

수용소장은 헌병대를 더 불렀습니다. 긴장한 무장 군인 135명이 도착했습니다.
한 장교가 길게 늘어선 헌병대 뒤를 오가며 무장 군인들에게 외쳤습니다.

"전열을 유지하라."
"진주만을 기억하라. 전열을 유지하라."

시위대는 아무도 자리를 떠나지 않았습니다. 경찰은 방독면을 쓰고
사람들을 향해 최루탄 통을 던졌습니다. 갑자기 총성이 울려 퍼졌습니다.

모든 사람들이 뿔뿔이 흩어져 살기 위해 도망쳤습니다.

한 십 대 청소년이 헌병이 쏜 총에 맞았고, 사망했습니다. 다른 시위 참가자 아홉 명도 등과 옆구리에 총을 맞아 다쳤습니다.

모든 수감자는 공포에 사로잡혔습니다. 이 총격은 지시에 따르지 않으면 당신도 총에 맞을 수 있다는 분명한 메시지를 전했습니다.

스물한 살인 짐 카나가와는 상처가 심각했습니다. 짐을 돌보던 폴 타카기는 무력감을 느꼈습니다. 병원에는 항생제, 산소도, 수액도 없었습니다.

"저 죽고 싶지 않아요."
짐이 귓속말로 말했습니다.
"저 죽고 싶지 않아요."

길고 적막한 밤, 짐의 병상 옆에 앉아 있던 폴은 절망에 빠졌습니다.
그는 생각했습니다.
'저들은 우리에게 또 어떤 짓을 더 할까?'

5일 뒤, 짐은 총상으로 사망했습니다.

두 달 뒤 수감자들은 또 다른 새로운 난관에 직면했습니다. 17세 이상의
모든 수감자는 설문지를 작성해야 했습니다. 미국에 충성하는 수감자와
그렇지 않은 이를 구분하기 위한 것이었습니다. 미국 정부는 친정부 성향의
일본인과 일본계 미국인들이 수용소를 떠나 서부 해안에서 멀리 떨어진
중부 지역에서 학교나 직장을 다니도록 허용할 생각이었습니다.

설문지에는 대답하기 까다로운 질문 두 개가 들어 있었습니다.

STATEMENT OF UNITED STATES CITIZEN OF JAPANESE ANCESTRY

일본계 미국인의 진술서

establishing a claim to Japanese citizenship? _____

    (a) If so registered, have you applied for cancelation of such registration? _____

                                                       (Yes or no)

    When? _____   Where? _____

26. 당신은 일본에 본국 송환을 신청한 적이 있습니까? _____

27. 당신은 어디로 배치를 명받든 미군에 입대하여 전투병으로 싸울 의향이 있습니까? duty, wherever ordered? _____

28. 당신은 미국에 무조건적 충성을 맹세하고 외국 또는 국내 세력의 모든 공격으로부터 미국을 충실하게 방어하며 일본 천황 또는 다른 외국 정부나 세력 또는 조직에 어떠한 형태의 충성이나 복종도 포기할 것을 맹세하겠습니까?

other foreign government, power, or organization? _____

                      (Date)   (Signature)

    NOTE.—Any person who knowingly and wilfully falsifies or conceals a material fact or makes a false or fraudulent statement or representation in any matter within the jurisdiction of any department or agency of the United States is liable to a fine of not more than $10,000 or 10 years' imprisonment, or both.

주– 미국 연방 부처나 기관의 소관 사항에 대하여 알면서 고의로 주요 사실을 잘못 기재하거나 조작으로 은폐하려고 하는 자는 누구나 1만 달러 이상의 벌금 또는/그리고 10년의 구금형에 처해질 수 있습니다.

27번. 당신은 미군에 입대하여 싸우시겠습니까?

태어날 때부터 미국 시민인 니세이들에게 전투에 참여할 것인지 물었습니다. 복무하겠다고 답하는 이들은 일본계 미국인들로만 구성된 제442연대 전투 부대에 배치될 것이었습니다. 여성을 포함한 다른 사람들에게는 다른 자격으로라도 복무할 의향이 있는지 물었습니다.

충성도를 묻는 설문에 아치는 씁쓸했습니다. 그는 말했습니다. "우리를 수용소에 가두고, 이제 우리더러 군대에서 복무하기를 원하느냐고 묻습니다. 난 원하지 않아요."

일부는 그렇다고 답했고, 다른 사람들은 아니라고 답했습니다. 미국을 위해 싸우지 않겠다고 답한 이들은 가족과 함께 수용소에 감금되었습니다.

다음 질문도 문제가 있었습니다.

28번. 당신은 일본 천황에 대한 충성을 포기하고 미국 정부에 충성을 맹세하겠습니까?

태어날 때부터 미국 시민인 니세이는 일본 천황에 충성심을 가져 본 적이 없었습니다. 가져 본 적도 없는데 어떻게 포기할 수 있을까요?

일본에서 태어난 이세이들에게는 다른 문제가 있었습니다. 전쟁이 끝나면 그들에게 무슨 일이 일어날까요? 그들이 미군에서 복무하겠다고 대답했다면, 어느 나라의 시민도 될 수 없을지도 모르고 그러면 위험할 수 있습니다. 전쟁이 끝난 뒤 미국에서 쫓겨난다면 어디로 갈 수 있을까요?

제442연대 전투 부대의 군인이 전방으로 떠나기 전에 작별 인사를 하고 있다.

일본은 그들을 받아들이지 않을 것입니다. 어떤 답변을 해야 할지 가족들은 의견이 분분했습니다. 부모가 자녀와 다른 대답을 하면 무슨 일이 벌어질지 알 수 없었습니다. 가족이 뿔뿔이 흩어질까요?

결정하기 고통스러웠습니다. 정부는 이들의 대답으로 무엇을 하려 했을까요? 전혀 알 수 없었습니다. 이 점이 끔찍했습니다. 토요와 아내 히로는 '복무하겠다'는 답변이 가장 안전하다고 결정했습니다. 아치는 복무를 거부하고 싶었습니다. 화가 났습니다. 하지만 토요와 히로는 만약 아치가 거부하면 아치만 가족과 떨어져 멀리 보내질까 봐 두려웠습니다.

결국 부모님의 압박에 못 이겨, 아치는 28번 문항에 '예'라고 답하고 미국에 충성을 맹세하기로 마지못해 동의했습니다. 이 가족은 이미 너무 많은 것을 잃었습니다. 함께 있는 것만이라도 보장받고 싶었습니다.

두 질문 모두 '아니오'라고 답변한 사람들은

'노노(no-nos)'라고 불렸습니다.

당국에 따르면, '노노'들은 미국 정부에 충성하지 않음을 스스로
입증한 셈이었습니다. 정부는 이들을 탱크가 주변을 순찰하는
툴레이크 격리 이주 수용소로 보냈습니다.

설문지 답변 작성으로 수용소 전체가 더욱 들썩이고, 험악해지고,
불안정해졌습니다. 수용소장은 수용소 생활을 개선해야 한다고
생각했습니다. 그는 행정동에 있는 사무실로 토요를 불렀습니다.

토요는 발각되었다고 생각했습니다. 카메라를 뺏기거나 이보다 더 나쁜 일을
당할까 봐 겁먹었습니다.

심지어 체포될 수도 있었습니다.

하지만 수용소장의 생각은 달랐습니다. 그는 수감자들이 결혼식이나 생일,
장례식처럼 특별한 날 행사를 사진으로 남기지 못해 힘들어하는 것을 알고
있었습니다. 토요에게 수용소 안에 사진 스튜디오를 열겠느냐고 물었습니다.

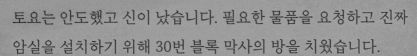

토요는 안도했고 신이 났습니다. 필요한 물품을 요청하고 진짜
암실을 설치하기 위해 30번 블록 막사의 방을 치웠습니다.

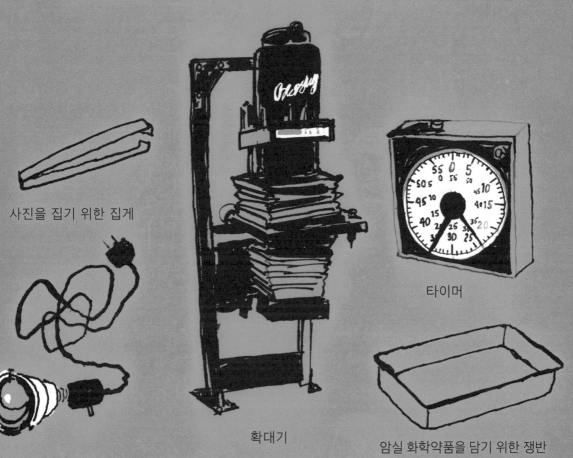

사진을 집기 위한 집게

타이머

확대기

암실 화학약품을 담기 위한 쟁반

빨간 전구가 달린 램프

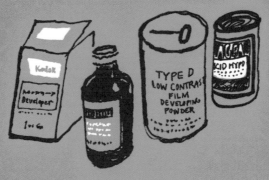

암실용 화학약품

한 가지 걸림돌이 있었습니다.

준비!

조명을 설정하고 포즈 취하게 하는 등 토요는 모든 것을 할 수 있었습니다,

하지만 일본인이라는 이유로, 사진을 찍는 버튼을 누를 수가 없었습니다.

그래서 버튼을 누르는 일만 하는 백인 미국인을 고용했습니다.

토요로서는 실망스럽고 굴욕적인 일이었지요.

때때로 그는 이성을 잃고 도우미들에게 고함을 쳤습니다.
첫 도우미가 그만두었고, 그다음 사람도 그만두었습니다.

전쟁이 계속 이어지고 수용소에서 큰 문제가 일어나지 않자 규제가 차츰 완화되었습니다. 토요는 스튜디오 밖에서도 사진을 찍을 수 있었고, 마침내 직접 셔터를 누를 권한도 얻었습니다.

토요는 사진을 찍기 전에 사람들과 이야기하며 긴 시간을 보내곤 했습니다. 토요도 공동체의 일원이었기 때문에 사람들은 자신들이 겪는 일을 그가 이해한다고 여겼습니다. 그들은 사적이고 무방비 상태인 순간들을 찍도록 허락했습니다.

헤이. 안녕 토요!

다 같이 찹쌀떡을 만드는 새해의 전통

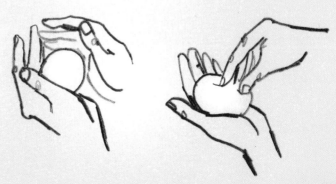

상황이 개선됐음에도 갇혀서 지내는 것은 점점 더 힘들어졌습니다. 토요와 친구들은 경비병들의
눈길을 피해 울타리 밑으로 빠져나가 협곡 아래로 내려가는 길을 발견했습니다.

토요의 친구 중 한 명이 말했습니다
"'당신들은 나를 가둘 수 없을 거야.', '나는 어떻게 해서든 이곳을 벗어날 거야.'라고 말함으로써
존엄성을 지키는 것은 중요한 문제였어요."

산 옆을 따라 흐르는 물줄기 위쪽에는 낚시를 기다리는 송어들이 있었습니다. 남자들은 몰래
수용소로 들여온 수제 낚싯대와 낚싯바늘을 챙겼습니다.

때때로 아치도 낚시를 갔습니다.

아치는 말했습니다.

"위험을 감수할 만한 가치가 있었어요. 설명하기는 어렵지만⋯⋯ 굉장히 자유로운 기분이었거든요."

앤설 애덤스

1943년 가을

맨재너에서 사진 촬영

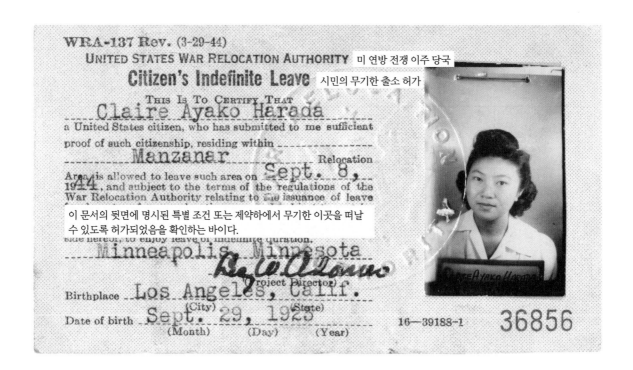

1943년 가을, 충성심을 증명한 일부 수감자는 맨재너를 떠나 학업을 이어 가거나 그들을 위협으로 여기지 않는 미국 중부 지역으로 일자리를 구하러 떠났습니다.

루스벨트 대통령은 이들의 재정착을 장려하겠다고 약속했고, 돌아온 수감자들을 편견 없이 친절하게 대해 달라고 미국인들에게 요청했습니다.

그러나 일본계 미국인이 간첩이거나 적국의 요원이라는 소문은 여전히 떠돌고 있었습니다.

맨재너 수용소장은 수감자들이 석방되었을 때 어떤 대우를 받을지 우려했습니다. 그러다 아이디어를 떠올렸습니다. 친구 앤설 애덤스에게 수용소에 와서 사진을 찍어 달라고 부탁했습니다.

앤설은 도로시아와는 달리, 수용소에 반대하지는 않았습니다. 하지만 설문지에서 충성심을 증명한 사람들만큼은 애국적인 미국인으로 받아들여야 한다고 믿었습니다.

앤설은 대형 스테이션왜건에 카메라 장비를 싣고 맨재너로 향했습니다. 사막과 산들이 장엄하다고 생각했습니다.

앤설은 말했습니다.

"우뚝 솟은 산으로 둘러싸인 사막의 강렬하고도 매혹적인 풍경
덕분에 맨재너 사람들의 정신이 강해졌다고 믿습니다."

앤설은 수감자들이 근면하고 명랑하며 쾌활하다는 것을
보여 주고 싶었습니다. 카메라를 들고 들판과 병원, 교실로
갔습니다.

자연스러운 모습을 사진에 담는 도로시아와 달리, 앤설은 사람들이 포즈 잡는 것을 좋아했습니다. 나카무라 부인과 두 딸 조이스, 루이스에게 아파트 입구 앞에 서 달라고 했습니다. 조이스는 눈부신 햇빛이 싫었습니다. "앞이 안 보여요!" 그녀가 말했지만 앤설은 계속 작업했습니다.

앤설은 사진을 통해 드러나는 것에 대해 주의 깊고 신중했습니다. 맨재너를 살기 힘든 곳으로 보이게 하는 그 무엇도 보여 주고 싶지 않았습니다.

그가 잡은 사진의 구도에서는 막사 내 나카무라의 아파트가 아늑한 방갈로처럼 보였습니다.

그는 끝이 보이지 않는 감금에서 오는 권태와 지루함을 지워 버리려고 애썼습니다.

앤설은 주로 충성스러운 니세이들의 사진을 찍으려 했습니다.
사진에 '노노'들이 담겨 있지는 않은지 보려고, 맨재너의 기록 사무실에서
찍은 사진을 모두 확인했습니다.

몇 안 되는 사람 중 하나가 아기 후쿠모토인데, 이 아기는 충성스럽지
않다고 기록되었습니다.

아마도 부모가 툴레이크 수용소로 떠나는 것이 아기가 태어나기를
기다리느라 연기되었을 것입니다.

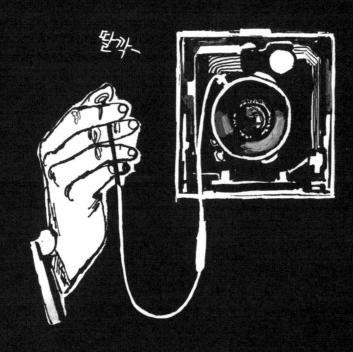

5-M-4

어떻게 아기에게 충성 여부를 물을 수 있을까요?

무엇보다도 앤설은 진지하고 성실한 일본계 미국인
젊은이들의 얼굴을 보면, 그들이 신뢰할 만하며 애국적
이라고 다른 미국인들이 설득될 것이라 믿었습니다.

앤설은 들판, 운동장, 막사 등 가는
곳마다 인물 사진을 찍었습니다.

그는 이방인이고, 외부인이었습니다. 그들은
슬픔이나 분노를 보여 주지 않았죠.

수감자들은 카메라를 보고
미소를 지었습니다.

그들은 '선량한 시민'임을 증명해야 한다는
압박을 엄청나게 받고 있었습니다.

"사진에 담긴 모든 것이 다 반드시 진실은 아닙니다."
-타이라 후쿠시마, 맨재너, 5블록

1945년 1월 2일, 일본계 미국인의 서부 해안으로의 귀환 이주 금지가 해제되었습니다. 점차 더 많은 사람이 맨재너를 떠났습니다.

일본이 공식적으로 항복한 1945년 8월 14일까지 맨재너에 남아 있던 수감자는 수천 명에 불과했습니다.

수감자들에게는 다음과 같은 것들이 지급되었습니다.

기차표

25달러

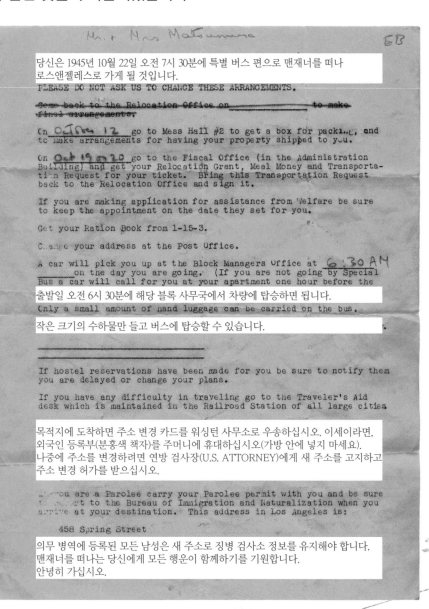

당신은 1945년 10월 22일 오전 7시 30분에 특별 버스 편으로 맨재너를 떠나 로스앤젤레스로 가게 될 것입니다.

출발일 오전 6시 30분에 해당 블록 사무국에서 차량에 탑승하면 됩니다.

작은 크기의 수하물만 들고 버스에 탑승할 수 있습니다.

목적지에 도착하면 주소 변경 카드를 워싱턴 사무소로 우송하십시오. 이세이라면, 외국인 등록부(분홍색 책자)를 주머니에 휴대하십시오(가방 안에 넣지 마세요). 나중에 주소를 변경하려면 연방 검사장(U.S. ATTORNEY)에게 새 주소를 고지하고 주소 변경 허가를 받으십시오.

의무 병역에 등록된 모든 남성은 새 주소로 징병 검사소 정보를 유지해야 합니다. 맨재너를 떠나는 당신에게 모든 행운이 함께하기를 기원합니다. 안녕히 가십시오.

퇴소 통지 안내문

"맨재너를 떠나는 당신에게
모든 행운이
함께하기를 기원합니다.
안녕히 가십시오."
-퇴소 통지 안내문

아치는 가족이 로스앤젤레스로 돌아갈 날을 기다리다 못해
아버지 토요에게 언제쯤 떠날 수 있는지 물었습니다.

하지만 토요는 떠날 생각이 아직 없었습니다.
맨재너에 대한 사진 기록을 완성하려면 마지막까지
남아 있어야 한다고 말했습니다.

11월이 되자 몇백 명만 맨재너에 남았고, 추워지기 시작했습니다.

이제 떠날 시간이었습니다.

토요와 가족은 소지품을 챙겨 로스앤젤레스로 돌아갔습니다.

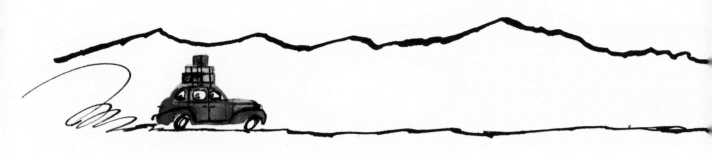

2년 반 만에 처음으로 자유의 몸이 되었습니다.

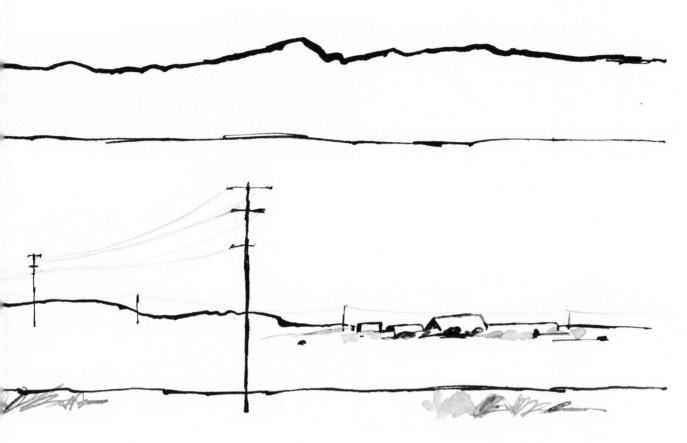

많은 수감자가 모든 것을 잃었지만 토요 가족에게는 집이 남아 있었습니다.

그들은 갈 곳 없는 다른 두 가족을 받아들였습니다.

이제 다시 시작할 시간이었습니다.

전쟁이 끝난 뒤

1945년 11월 21일, 맨재너 전쟁 격리 이주 수용소는 공식적으로 문을 닫았다. 수감자 대부분은 전쟁 전의 삶으로 돌아갈 수 없었다. 집과 창고에 보관했던 소지품은 도난당했고, 감금 기간 동안 주택과 농장에 대한 담보 대출을 못 갚은 몇몇 사람은 모든 것을 잃었다. 이들은 정원사, 요리사, 가사도우미 등 가리지 않고 일자리를 찾아 나섰다. 또 다른 사람들은 중단되었던 사업과 경력을 천천히 되살리기 시작했다.

아이들은 새 학교로 가거나 옛 친구들에게 무시당했다. 일부 백인 미국인은 귀환하는 일본계 미국인들에게 노골적으로 적대감을 드러내며, 그들이 동네로 돌아오는 것을 원하지 않는다는 청원서를 돌리기도 했다. 유력한 농업 단체들은 일본계 미국인들이 지역사회에서 농업에 종사하는 것을 원치 않는다고 밝히기도 했다. 일자리, 주택, 재정을 지원하면서 일본계 미국인을 환영하기 위해 노력한 사람들도 있었다.

1988년 레이건 대통령은 '시민 자유법(Civil Liberties Act)'에 서명했다. 제2차 세계대전 당시 서부 해안에 살던 많은 일본계 미국인이 구금된 사유에 대한 광범위한 조사 결과 나오게 된 법이었다. 강제 구금된 모든 일본계 미국인에게 2만 달러씩 지급되었지만, 그들이 잃은 것의 극히 일부에 불과한 돈이었다. 연방 정부는 구금이 심각하게 부당한 일이었음을 시인했지만, 피해자들이 치러야 했던 막대한 정신적, 육체적 희생을 지워 버릴 수는 없었다.

단어가 중요한 이유

미국 정부는 전쟁 중 일본계 미국인을 격리 수용하라는 명령을 내리면서 의도적으로 부정확한 단어를 사용해 행위를 은폐하려 했다. 이 책에서는 구금 사실을 묘사하기 위해 정확하고 정직한 단어를 사용했다. '강제 이주', '구금 시설', '재소자' 및 '수감자', '수용소' 등.

'강제수용소'는 '격리 이주 수용소'라는 완곡한 표현 대신 더 많이 사용되고 있다. 이 책에 나오는 진실한 단어 중 '강제수용소'는 처음에는 부정확해 보일 수 있다. 이 단어는 600만 명의 유대인 남성, 여성, 어린이와 '생명으로서의 가치가 없다'고 여겨진 500만 명이 나치에 조직적으로 살해된 제2차 세계대전 당시 나치 강제수용소의 끔찍함을 연상시킨다.

미국의 강제수용소와 나치 강제수용소는 매우 달랐지만, 강제수용소라는 단어의 정의에는 합치한다. 강제수용소는 많은 민간인이 재판 없이 가혹한 처지에 놓여 구금되는 곳이다. 인종, 종교, 정당 등 정체성을 이루는 어떤 측면 때문에 구금된다.

전쟁 중과 전쟁 후에는 거의 누구나 수용소를 언급할 때 정부가 사용하는 단어를 사용했다. 그런데 1946년 당시 미국의 내무부 장관 해럴드 이커스는 연방 정부의 행동에 대해 직설적으로 진심을 담아 말했다.

"루스벨트 대통령 행정부의 일원으로서, 저는 미군이 일본인에 대한 대중의 히스테리에 굴복하는 것을 목격했습니다……. 이 불운한 이들은 가축처럼 차에 실려 미국의 광활한 사막에 급조된, 소총으로 무장한 군인들이 지키는, 완전히 부적절한 강제수용소로 급히 이송되었습니다. 이 먼지 통에 '이주 센터'라는 그럴듯한 이름을 붙였지만, 그곳은 강제수용소였습니다."

진실은 강력하다. 정직하고 정확한 언어를 사용하여 '우리' 역사의 진짜 이야기를 들려주어야 한다.

아시아계 이주민에 대한

미국 정부는 오래전부터 아시아계 사람들을 차별하는 법을 제정해 왔다. 1850년대부터 중국인 수천 명이 대륙 횡단철도와 금광에서 일하려고 미국으로 건너온 뒤, 의회는 1882년 '중국인 배제법(Chinese Exclusion Act 1882)'을 통과시켰다. 중국인 노동자의 미국 입국을 금지하는 법이었다. 몇 년 뒤, 젊은 일본 노동자들이 철도와 농장뿐 아니라 통조림 공장과 광산에서 일하기 위해 서부 해안으로 이주하기 시작했다. 1907년에는 일본인의 이민이 제한되었다. 그 뒤에는 일본인이 토지를 소유하거나 미국 시민이 될 수 있는 권리를 박탈하는 법들이 통과되었다.

수많은 일본인이 시민권을 얻지 못한 채 수십 년간 미국에 살면서 일했다. 서부 해안의 일본 농부들은 토지를 소유하기 위해, 미국에서 태어난 시민권자인 자녀의 이름으로 부동산을 사기도 했다. 같은 시기에 유럽에서 온 거의 모든 이민자는 토지를 소유하거나 시민이 될 수 있었는데도 말이다.

인종적 편견과 근거 없는 두려움이 구금에 큰 역할을 했다는 점은 명확하다. 제2차 세계대전 당시 미국이 이탈리아, 독일과 전쟁을 치를 때 독일의 잠수함과 U보트는 동부 해안 쪽 대서양을 몰래 돌아다니며 배를 침몰시키고 주요 전쟁 보급 물자를 파괴했으며 미국 선원 수천 명의 목숨을 앗아 갔다.

차별과 시민권 침해

제2차 세계대전 당시 미국에는 이주해 온 독일인과 이탈리아인이 200만 명 이상 살고 있었지만, 전쟁 중에 구금된 사람은 1만 4,000여 명에 불과했다. 그런데 왜 서부 해안에 살던 1세대 일본인 이민자들과 2세대 일본계 미국인들은 모두 위협으로 여겨져 수감되었을까?

전쟁 기간 미국에서는 엄청난 양의 반일 선전물이 제작되고 유포되어 일본인들과 일본계 미국인들에 대한 공포를 키우고 분노를 촉발했다. 심지어 군 고위 간부로부터도 반일 선동 발언이 나왔다.

1943년 4월, 샌프란시스코의 육군 본부에서 일본계 미국인 강제 추방을 책임졌던 디윗 장군은 미국 육군 참모 총장을 위한 618쪽 분량의 최종 보고서를 펴냈다. 디윗은 전쟁 발발 당시 서부 해안에는 조직 수백 개가 일본의 전쟁 목적 달성을 위해 적극적으로 가담하고 있었다고 주장했다. "천황을 숭배하는 의식이 흔하게 열렸고, 이곳의 일본인들이 스스로 기부한 수백만 달러가 일본 제국주의 전쟁 자금으로 흘러 들어갔다."라고 보고서는 밝혔다.

디윗은 어디에나 잠재적인 방해 행위와 첩보 활동 가능성이 있다고 주장했다. 미국 본토에서 해안의 일본 잠수함으로 보내는 야간 신호등과 무선 송수신이 자주 있었다고 보고했다. 심지어 일본 농장들이 서해안을 따라 전략적으로 방어할 수 있는 지점 주변에 의도적으로 자리 잡고 있다는 주장도 펼쳤다.

몇몇 법무부 변호사는 이 문서를 읽고 경악했다. 한 변호사가 작성한 긴급 의견서에 따르면 "강제 이주와 구금을 정당화하기 위해 디윗 장군이 내세운 가장 중요한 사실관계의 진술이 틀렸다는 명백한 증거가 있었으며, 이뿐 아니라 디윗 장군은 그 진술이 오류라는 것을 알 만한 사정이 있었고, 알았을 가능성이 높다".

디윗은 물러서지 않았다. "참모총장에게 제출하는 내 보고서는 내용, 형식 어떤 것도 변경되지 않을 것이며, 내 서명하에 이루어지는 어떠한 수정에도 절대로 동의하지 않을 것"이라고 말했다. 디윗은 몇몇 사소한 내용 수정을 할 수밖에 없었지만 소문, 거짓말, 인종차별이 정부 문서의 핵심적인 내용 일부로 포함된 셈이었다.

조사가 자세히 이루어졌음에도, 미국에 사는 일본인과 일본계 미국인이 전쟁 중에 방해 행위나 첩보 활동을 저질렀다고 밝혀진 것은 없었다.

강제 이주에
대한 재판

미 연방 수정헌법 제5조는 "누구든지 적법한 절차에 의하지 아니하고는 생명, 자유 또는 재산을 박탈당하지 아니한다."라고 명시하고 있다. 그런데 바로 그런 일이 일어났다.

일본계 미국인들은 전쟁 기간 열 번 이상 강제 이주의 적법성에 이의를 제기했다. 이 중 네 건은 연방대법원까지 올라갔는데, 그때마다 연방대법원은 미국의 조치가 정당화될 수 있다고 판결했다. *코레마츠 대 미 연방 정부*(*Korematsu v. United States*)라는 사건에서 프레드 코레마츠는 구금을 거부했다. 그는 체포되었고 군사명령 위반으로 유죄 판결을 받았다.

그는 자신의 체포가 연방 수정헌법 제5조를 위반한 위헌이며, 인종에 기반한 차별을 받았다고 주장했다. 유죄 판결을 받은 뒤 그는 1944년 대법원에 상고했다. 대법원은 해당 구금이 '군사적 필요'에 따른 것이지 인종차별에 근거한 것이 아니라며 그에게 패소 결정을 내렸다.

1988년, 한 법학자가 코레마츠의 재판 과정에서 정부가 의도적으로 대법관들에게 공개하지 않고 은폐한 문서들을 발견했다. 이 문서는 구금에 대한 디윗의 정당화 논리가 거짓에 근거한 것임을 입증했다. 그 결과 연방법원 판사는 프레드 코레마츠가 수십 년 전에 유죄 판결을 받았던 같은 법정에서 *코레마츠 대 미 연방 정부* 판결을 뒤집었다.

연방법원의 판결로 코레마츠의 무죄는 입증되었지만, 대법원은 해당 판결에 대해 다시 판결을 내린 적이 없다.

2018년, 몇몇 대법관은 '딕타'(dicta, 사건 심리 결과에 영향을 미치지 않는 법정 의견서)라고 불리는 서면에서 *코레마츠* 사건을 언급했다. 미국으로의 여행과 이민을 제한하는 판결에서 존 로버츠 연방 대법원장은 "미국 시민을 명백히 인종만을 근거로 강제수용소로 강제 이주시키는 것은 객관적으로 불법이다. (…) *코레마츠* 판결은 판결 당시 중대한 오류였으며, 역사의 법정에서 기각되었고, '헌법하에서 법으로 받아들여질 수 없다'는 것을 분명히 한다."(그는 1944년 *코레마츠* 대법원 사건에서 로버트 H. 잭슨 대법관의 반대 의견을 다시 언급하며 그의 말을 인용했다.)

소니아 소토마요르 대법관은 로버츠 대법관보다 더 나아갔다. "(코레마츠) 판결이 내려졌던 날은 '중대한 오류'였다고 규탄하면서, 오늘 대법원은 마침내 *코레마츠* 판결을 파기하는 중요한 한 발짝을 내딛었다."라고 썼다.

대법관들은 단어를 대단히 엄밀하게 선택한다. 그러나…… 이것이 진짜 *코레마츠* 판결이 기각되었다는 뜻일까?

'역사의 법정'에서는 그렇다. 하지만 법학자들은 대법관들의 이러한 법정 의견서가 *코레마츠* 판결을 파기한 것은 아니라고 본다.

코레마츠 대 미 연방 정부의 판결이 신빙성이 없다고 보는 것이 대법관들의 강력한 입장인 것만은 분명하다. 대법원에서는 이 판결을 부정적으로 바라보고 있음이 명백하며, 이제 더 이상 법적 논쟁에서 승소하기 위해 이 판결을 근거로 사용할 수는 없을 것이다.

이런 법정 의견서에도 불구하고, *코레마츠* 판결은 여전히 미국의 인종적 편견을 보여 주는 고통스러운 상징으로 남아 있다. 앞으로 이 판결이 결코 유리한 사례로 여겨지지 않을 것이며, 미국의 또 다른 시민 집단의 권리를 침해하는 데 사용되지 않으리라고 확신할 수 있을까?

"언제나 제가 묻고 싶은 것은 어린아이였던 제가 왜 강제수용소에 갇혔느냐는 것입니다. 저는 시민이었어요. 이는 헌법 위반입니다."
-조이스 유키 나카무라 오카자키

민주주의에서 지도자와 제도가 중요한 만큼 민주주의를 안전하게 지키는 것은 우리 모두에게 달려 있다. 강력한 민주주의 이상을 근간으로 세워진 미국에서조차도 시민들의 민권을 고의로 침해하는 일이 생길 수 있으며 실제로 일어나고 있다. 이러한 침해를 숨기려고 어떠한 애매한 단어를 사용하더라도, 우리는 그 침해가 무엇인지 정확하게 이름 붙일 수 있고, 이를 반대하는 목소리를 크고 분명하게 낼 수 있다. 오래된 불의를 직시하여, 그로부터 배우고, 그런 일이 다시는 일어나지 않도록 최선을 다할 수 있다.

1940년대에는 사진 촬영이 복잡했다. 카메라는 거추장스러웠고 필름은 비쌌으며 현상하고 인화하는 과정도 복잡했다. 오늘날 우리는 불의를 목격할 때 휴대폰 카메라로 곧바로 촬영하여 신속히 다른 사람들에게 알릴 수 있다. 이러한 이미지들은 '압수'라고 표기해서 서류 캐비닛에 숨길 수 없다. 우리는 이전 세대가 꿈도 꾸지 못했던 사회정의를 위한 수단을 주머니에 지니고 있다.

도로시아 랭
1895~1965

도로시아 랭은 뉴저지주 호보컨에서
이민자 대가족의 일원으로 태어나고 자랐[다.]
일곱 살 때 소아마비에 걸려 눈에 띄게 절[뚝거]
리게 되면서 삶이 극적으로 바뀌었다. 그[녀는]
나중에 그 일이 "나를 형성하고, 나를 인[도하]
고, 나를 가르치고, 나를 돕고, 나를 모욕[했]
게 일어난 가장 중요한 일"이라고 설명했[다.]
한 이를 통해 그녀는 타인의 고통에 깊이 [공감]
하는 사람이 되었고, 남을 돕는 일에 전념[하게]
되었다. 몇 년 뒤 아버지가 가족을 버렸을 [때]
어머니와 남동생과 함께 할머니 집에서 [살아]
야 했다.

토요 미야타케
1895~1979

토요 미야타케는 일본 가가와현에서 [태어]
났다. 열네 살 때 어머니, 두 형제와 함께 [미국]
로스앤젤레스에 이민을 와 아버지와 합류했[다.]
토요는 학교를 중퇴하고, 자영업을 하는 [아버]
지를 돕다가 할리우드 아파트형 호텔에서 [심부]
드렛일을 하는 일자리를 구했다.

토요는 재능 있는 예술가였다. 유화를 그[리]
는 화가가 되고 싶었지만, 너무 비실용적[이라]
며 어머니가 반대했다. 토요는 사진으로 눈[을]
돌려 픽토리얼리즘(회화주의 사진) 스타일[로]
카메라를 활용하여 직관적인 사진보다는 [예술]
적인 사진들을 찍었다.

앤설 애덤스
1902~1984

앤설 애덤스는 금문교 근처 샌프란시스[코]
에서 부유한 목재상의 손자로 태어나 자랐[다.]
앤설은 과잉 행동이 심했고 이 때문에 교우[관]
계와 학업에서 어려움을 겪었다. 부모님은 [가]
정교사를 들여 홈스쿨링을 하기로 했고, 앤[설]
은 매일 자연에서 오랜 시간을 보낼 수 있었[다.]
앤설은 열네 살 때 처음으로 요세미티를 [방]
문하고 산을 사랑하게 되었다. 부모님이 선[물]
한 단순한 코닥 NO. 1 브라우니 박스 카메라[를]
들고 하이킹과 등반을 하면서 사진을 찍었[다.]
그가 미 서부의 아름다운 황야들을 찾아[다]
니며 장대하고 극적인 풍경을 촬영하게 되[었]

어머니는 교사가 되기를 바랐지만, 도로시아는 사진작가가 되기로 했다. 고등학교 졸업 후 뉴욕의 어느 사진가의 작업실에서 일하다가 1919년 샌프란시스코로 옮겨 초상화 작업실을 열었다. 하지만 대공황으로 수백만 명이 실직하자 도로시아는 스튜디오를 닫고 거리의 실직자들과 그들을 위해 설치된 무료 급식소 및 식량 배급을 위해 줄 서 있는 모습을 촬영하기 시작했다. 곧 그녀는 대공황 시대에 농촌 빈곤을 타파하기 위해 설치된 농업진흥청(FSA)이라는 한시 기구에서 일하며 농촌 빈민들의 절박한 처지를 사진에 담았다. 그녀가 찍은 플로렌스 톰슨의 사진, 「이민자 어머니」는 대공황의 아이콘으로 여겨진다. 이 FSA 이미지는 의회 도서관에서 온라인으로 볼 수 있다.

도로시아가 제출한 일본계 미국인 수감 사진들은 미군 비즐리 소령이 자세히 검토한 뒤 전쟁 이주 당국(WRA)에 넘겨졌다. 엄선된 사진 몇 장이 신문과 잡지에 게재되었고, 대부분은 군사 파일에 은밀하게 보관되었다. 비즐리 소령이 대중이 절대 보아서는 안 된다며 조건을 담은 사진들은 '압수'라고 표시되어 파일 안쪽에 묻혔다. 군 당국은 이 사진들이 대중에게 공개되지 않기를 원했다. 전쟁이 끝난 뒤 모든 전쟁 이주 당국의 파일은 워싱턴 D.C.의 국립문서보관소로 보내졌고, 그 뒤로는 이미지에 대한 어떠한 제한도 없었다. 1998년 도로시아의 사진들은 전자 파일이 되어 국립문서보관소에서 온라인으로 볼 수 있다.

토요는 때때로 일본의 무용수, 운동선수, 배우의 사진을 찍었고, 화가와 조각가, 다른 예술가들로 이루어진 일본인 그룹 샤쿠도샤의 열렬한 일원이었다. 회화주의 예술 사진을 추구하는 한편, 로스앤젤레스의 리틀도쿄에서 상업용 인물 사진 스튜디오를 운영했다. 결혼식, 기념일, 행진, 졸업식, 그리고 일본계 미국인들의 삶에서 중요한 행사를 사진으로 기록했다.

전쟁이 끝나고 토요는 창고에 있던 사진 장비를 복구하여 다시 작업실을 마련했다. 그러나 유감스럽게도 전쟁 전에 했던 예술적 작업으로 돌아가지는 못했다. 맨재너에서 촬영했던 사진들을 치우고 리틀도쿄에서의 활동을 기록하며 스튜디오 작업에 집중했다.

토요가 더 이상 스튜디오를 운영할 수 없자, 아들 아치 미야타케가 넘겨받았다. 이후에는 아치의 아들 앨런 미야타케가 뒤를 이어 일본계 미국인 사회를 촬영하고 토요의 사진 예술의 풍부한 유산을 이어 가며 스튜디오를 운영하고 있다.

토요의 사진들은 도로시아나 앤설의 사진 작품들과 달리 공공 기관에 소장되어 있지 않기 때문에 웹 사이트 한 곳에서 볼 수는 없다. 인터넷에서 그의 이름을 검색하면, 수많은 그의 사진을 볼 수 있다.

평생에 걸친 그의 이력의 시초였다.

맨재너의 소장이 사진 촬영을 요청했을 때, 앤설은 기꺼이 가고 싶어 했다. 맨재너는 앤설이 가장 좋아하는 풍경들의 한복판에 있었다. 맨재너를 둘러싼 아름다운 산들뿐 아니라, 구금된 일본계 미국인이 "장엄한 불모지에서 활기찬 공동체"를 만들어 냈음을 강조해 보여 줄 수 있다고 믿었다. 전쟁이 끝나면, 일본계 미국인들이 "미국인의 삶의 흐름 속에 정당한 그들의 자리"로 돌아갈 수 있기를 바랐다.

앤설은 사진들을 모아서 『자유롭고 평등하게 태어남』이라는 책자를 펴냈고, 뉴욕현대미술관(MoMA)에 맨재너의 사진들을 전시하려 했다. 하지만 미술관에서 이 아이디어를 검토하면서 구금 생활을 주제로 한 전시를 여는 것이 적절한지 논란이 되었다. 결국 회의와 논쟁, 오해 끝에, 3층에서 지하로 옮겨져 축소된 규모로 사진전이 열렸다. 앤설은 실망하고 분노하여 전시회에 가지 않았다.

앤설은 맨재너 사진 대부분을 미국 의회도서관에 기증했고, 이 사진들은 온라인에서 볼 수 있다.

전쟁이 끝난 뒤 앤설은 풍경 사진으로 다시 돌아갔다. 자신이 촬영하는 황무지와 대자연을 보호하는 데 전념하여, 환경보호를 위해 지칠 줄 모르고 일했으며, 국립공원을 지키기 위해 열정적으로 활동했다.

엘리자베스로부터
글쓴이의 말

진주만 폭격과 미국의 제2차 세계대전 참전은 내가 태어나기 10년 전에 일어난 일이다. 나는 서부 해안의 일본계 미국인들이 전쟁 기간에 강제수용소에 수감되었다는 사실을 알지 못했다. 5학년이던 어느 날, 반 친구 폴 요네무라가 전쟁이 끝난 뒤 일본계 미국인이라는 이유로 자신의 가족이 우리 동네에서 환영받지 못했다고 얘기했을 때, 깜짝 놀랐다. 그게 왜 중요할까? 그날 나는 집까지 걸어갔는데 여러 집과 마당, 거리가 낯설게 보였다. 내가 살던 동네에 숨겨진 역사와 드러나지 않은 어두운 흐름이 있었던 것이다.

부모님은 전쟁 중과 전쟁 후에 많은 일본계 미국인이 맞닥뜨린 편견을, 그리고 대모인 도로시아 랭이 정부를 위해 수용소 사진을 찍었다는 사실을 설명해 주었다. 전쟁이 일어나기 전, 고등학교를 갓 졸업한 아버지는 대공황 기간 도로시아의 사진 조수로서 카메라 가방을 챙기고 그녀를 차에 태워 캘리포니아를 돌아다니고 암실에서 사진 작업을 도왔다. 도로시아는 전쟁 중에는 해군으로 복무했다. 그 후 아버지는 사진작가로서 도로시아와 남편인 폴 슈스터 테일러의 동료이자 아들 같은 존재가 되었다.

도로시아의 건너편 마을에서 자라난 나는, 그녀의 거실 한쪽 벽면을 뒤덮은 게시판에 걸린 수많은 사진을 보았지만, 수용소 사진들은 본 기억이 없다. 그 사진들은 정부 소유였으므로 그녀는 갖고 있지 않았을지도 모른다. 시간이 흐른 뒤, 도로시아와 남편이 일본계 미국인의 강제 이주를 강력하게 반대했음을 알게 되었다. 그들은 정부의 조치 뒤에 인종적 편견과 공포, 전쟁 광란 상태가 자리 잡고 있다고 생각했다.

전쟁 중 도로시아는 수용소에 있는 친구들과 긴밀히 연락을 주고받았고, 미술 교육이 중요하다고 여겨 미술용품을 꾸려 우편으로 보냈다. 남편은 일본계 미국인 학생들이 수용소를 떠나 공부를 계속하도록 중서부에서 이들을 기꺼이 받아 줄 대학들을 끈기 있게 찾았다. 전쟁이 끝난 후 도로시아와 남편은 귀환한 일본계 미국인들을 대신해 목소리를 내기도 했다.

도로시아는 카메라로 증언하는 것이 자신의 일이라는 믿음이 강했다. 그녀는 미국 역사에서 중요하면서도 어려웠던 시기를 기록하여 다른 이들에게 알렸다.

도로시아가 세상을 떠나기 얼마 전에, 여성 사진작가로서는 최초로 뉴욕현대미술관에서 회고전을 열었다. 아버지는 전시회에 나오지 않은 토라조 사카우예와 손자(55쪽)의 대형 인화 사진을 갖고 있었는데, 오래전에 내게 주었다. 내 사무실에 들어설 때마다 소년의 순진한 얼굴과 할아버지의 슬프고 건조한 얼굴이 가장 먼저 들어온다. 여러 해 동안 할아버지의 눈빛이 조용히 묻는 것 같았다. "언제 우리의 이야기를 해 줄 거니?"

몇 해 전, 때가 되었다. 나는 전쟁이 막판으로 치달을 무렵 앤설 애덤스가 맨재너를 촬영했다는 사실을 알게 되었다. 도로시아와 앤설의 사진을 통해 서로 다른 관점을 보여 줄 수 있겠다고 생각했다. 도로시아가 촬영 금지당한 부분과 앤설이 촬영하지 않기로 선택한 부분에 마음을 빼앗겼다.

조사 과정에서 토요 미야타케의 사진을 발견했다. 도로시아처럼 그는 어려운 상황에 놓인 사람들의 존엄함을 카메라로 포착했다. 그 역시 수감자였으므로, 그의 사진들은 더 솔직한 일상을 드러냈다.

이 책의 마지막 시각 예술가는 로런 타마키이다. 그녀는 인쇄된 활자와 흑백사진에 색과 생동감, 움직임을 불어넣었다. 로런과 편집자 아리엘 리처드슨과 책을 구체화하고 의견을 주고받으며 함께 작업한 경험은 강렬하고 감동적이었다.

로런으로부터
화가의 말

이 책의 작업을 시작하는 것이 어려웠다. 수많은 일본계 미국인의 수용소 사진을 훑어보다가 익숙한 얼굴들이 나를 응시하는 것을 보았다. 그들은 내 가족처럼 생겼다. 나는 일본계 캐나다인 4세대인 욘세이다. 이 사건들을 거의 알지 못하는데도 개인적인 감정을 이입할 수 있는 독특한 위치에 있었다.

이민자나 이민자의 자녀로서의 경험은 없지만, 외모 때문에 어울리지 못하면 어떤 기분이 드는지 잘 안다. 학교에서 인종차별을 경험했을 때 혼란스러웠다. 나는 백인 친구들과 같은 언어, 음식, 관습 속에서 자란 게 아니었단 말인가?

나는 캐나다인이지만 태어난 나라에서 소외감을 느낄 때가 많았다. "어디서 왔어요?"라는 질문은 아주 흔했다. "캘거리 출신입니다."라고 대답하면 "아니, '원래' 고향은 어딘데요?"라는 질문이 뒤따랐다.

그들의 의도와는 무관하게 이런 질문을 받으면 나는 이방인으로 느껴졌다.

일본계 캐나다인들은 일본계 미국인들과 거의 같은 시기에 강제로 추방되어 구금되었다. 수감 생활에 관한 가족의 역사를 듣기 위해, 아버지, 고모, 삼촌을 만났다. 내 조부모인 조지 타카카즈 타마키와 나나 타마키(결혼 전 성은 야마모토)가 수용소를 경험했다는 것은 알았지만 어느 정도인지는 잘 몰랐다. 수감 시절에 대한 이야기는 거의 나누지 않았기 때문에 공유할 이야기가 많지는 않았다. 수용소를 경험한 많은 가족이 그랬듯, 이제는 과거를 뒤로하고 나라와 지역사회의 침묵의 합창에 동참하면서 앞으로 나아가고 싶다는 기대가 있었다.

할아버지의 글들과 신문 스크랩을 다시 훑어보는 과정에서 많은 것이 드러났다. 할아버지는 달하우지 대학에서 공부했는데, 1941년 이 학교에서 법학 학위를 받은 최초의 니세이였다. 할아버지는 가족과 함께 수용소로 보내지지 않았으며, 전쟁 중에는 캐나다를 위해 싸우려고 입대하려고까지 했다. "캐나다에서 태어난 일본인은 캐나다 군대에 입대할 수 없다."라고 적힌 입대 거부 서한을 우리는 아직도 갖고 있다.

할아버지는 지역사회를 위해 봉사하기로 하고, 졸업 후 가족들이 수감되었던 브리티시컬럼비아주의 민토 수용소에서 가르치는 자리를 구했던 걸로 보인다. 할머니 나나는 앨버타에서 간호 교육을 마친 이후 슬로칸 구금 수용소에서 가족들을 다시 만났다. 할머니의 경험에 대해 직접 들은 이야기가 더 많이 있었다면 좋았겠지만, 만약 할아버지처럼 할머니가 꼼꼼하게 메모를 남겼다 해도 잃어버렸을 것이다.

나는 할아버지가 법학 학위를 받은 직후에 구금된 일본계 캐나다인들의 권리를 위해 싸웠다는 이야기를 듣고 감명받았다.

많은 일본계 캐나다인에게는, 구금 경험을 억누르고 합리화하려는 욕구가 있었다. 침묵으로 마음의 상처가 깊은 사건들이 남긴 수치심을 뒤로하고, 존엄과 자부심을 불어넣어 앞으로 나아갈 길을 개척하려 했다.

그러나 가족과 일본계 캐나다인들의 구금 역사를 더 많이 알아 갈수록, 수치스럽지 않았다. 더 많은 과거를 밝혀내고 더 많은 대화를 나누고, 더 많은 집단 치유를 받기를 희망하며 내 가슴은 자부심으로 부풀어 올랐다.

'모범적인 소수자'라는 잘못된 신화

'모범적인 소수자 신화'는 아시아계 미국인에게 주로 적용되는 오래된 인종적 고정관념이자 편견이다. 이 고정관념은 이 다양한 집단을 근면하고, 생산성 있으며, 복종하는, 단일한 조직체로 특징짓는다. 이러한 특성들은 긍정적으로 볼 수도 있지만, 개인을 지우고 모든 아시아 문화를 부당하게 통째로 묶어 버리는 신화의 일부이다.

또, 이러한 고정관념이 터무니없이 높은 기준을 만들어, 개인이 자신은 '올바른 아시아인'이 아니라고 느낀다. 소득 수준과 고생 정도가 다양한, 방대한 문화 집단인 많은 아시아계 미국인의 경험을 지워 버린다.

모범적인 소수자 신화의 근원은 부분적으로는 19세기 대도시들의 산업화로 북미로 이주하는 이민이 늘면서 생겨났다. 중국계 이민자에 대한 인종차별이 만연했는데, 아시아계 미국인이 위협적이며 미국 문화를 앞지를 것이라는 뜻을 담은 말이 '황색 위험'이었다. 이러한 혐오적인 편집증은 인종에 따른 이민을 금지한 최초의(최후는 아닌) 미국 법인 1882년 중국인 배제법(Chinese Exclusion Act 1882)에서 최고조에 이르렀다.

1868년 노동자로 모집된 최초의 일본인 이민자들이 하와이로 이주했고, 뒤를 이어 수만 명이 이주했다. 그 뒤 수십 년간 미국 정부와 일부 백인 미국인의 일본인에 대한 적대감은 밀려왔다 밀려가곤 했다.

1940년대 초, 한 세기에 걸친 반아시아 정서가 제2차 세계대전의 불길에 휩싸여 타오르고 있었다. 인종차별적 광란이 고조되는 것은 이후에 일어날 일들을 위한 발판이 될 것이었다.

일본계 미국인들의 구금은 '완벽한' 아시아계 미국인의 신화를 발전시키는 데 일조했다. 그들은 아무런 잘못을 저지르지 않았는데도 자신이 흠잡을 데 없이 충실한 시민임을 입증해야 했다. 강제 구금의 여파로 모범적인 소수자 신화가 어떻게 '황색 위험'이라는 동전의 다른 한 면이 되는지 알 수 있었다. 아시아계 미국인들은 미국 정부가 날조하고 전국으로 유포한 거짓말을 해체해야 하는 부당한 임무를 떠맡았다.

구금이 기록되는 방식 역시 신화를 확대하는 데 큰 역할을 했다. 수용소 사진을 촬영한 전쟁 이주 당국의 목표는 부분적으로 일본계 미국인들이 미국에 도움이 되었음을 증명하는 것이었다. 수감자들은 들판에서 열심히 일하고, 학교와 종교 예배에 참석하고, 야구처럼 전형적인 미국인의 취미 활동에 참여하는 모습으로 보였다. '존경할 만한' 미국 시민의 모습으로 보여지는 데 초점을 둠으로써 "선한 행위를 통해 인권을 획득해야만 한다."는 것을 은연중에 드러냈다.

전쟁이 끝난 뒤, 모범적인 소수자 신화는 미국에 거주하는 유색인종을 서로 대립시키는 데 이용되었다. 1966년 윌리엄 페터슨은 「뉴욕타임스」에 「일본계 미국인 스타일의 성공 스토리」라는 글을 기고해, "전쟁 수용소가 문 닫은 지 20년이 채 지나지 않아 일본계 미국인은 편견에 찬 비판을 딛고 일어선 소수민족"이

로런 타마키

라고 주장했다. 그는 일본계 미국인의 경험을 흑인 미국인의 경험과 비교하며 한발 더 나아가 "우리가 선택한 좋은 시민의식의 요건에 따르면 일본계 미국인들은 우리 사회의 다른 어떤 집단보다 낫다."라고 주장한다.

아시아계 미국인과 흑인 미국인의 경험과 현실을 비교하는 것은 둘 다에 해롭다. 백인 인종이 다른 모든 인종보다 우월하다는 오류에 기반을 둔 뿌리 깊은 착취와 억압 시스템인 백인 우월주의를 심화하는 데 기여할 뿐이다. 백인에 더 가까울수록 보상을 제공하고, 인종 불평등에 저항하고 항의하는 형식으로서의 '선한 분쟁'을 일으키지 못하도록 하여 유색인종이 분열하게 만든다.

모범적인 소수자 신화의 많은 부분이 아시아계 미국인이 예의 바르고 법을 준수하며 성공함으로써 차별을 극복할 수 있다는 내용이다. 역사는 이러한 환상이 얇은 가림막에 불과함을 보여 준다. 2020년 코로나19 팬데믹 동안 반아시아 정서가 급격히 증가했다. 미국의 일부 정치인은 '중국 바이러스' 등 경멸적인 용어를 쓰면서 반아시아 정서를 더욱 부추겼다. 아시아계 미국인은 '완벽한' 미국 시민이 되더라도 인종차별을 피할 수 없다.

또한 모범적인 소수자 신화는 '완벽한' 아시아계 미국인이라는 고정관념에 반하는 문제들에는 침묵하게 만든다. 어떤 이들은 이러한 신화가 일본계 미국인 구금 문제에 대한 가족 간의 대화 부족에 영향을 주었다고 주장한다. 미국에 '불충실하게' 보이면 더 큰 박해를 받을 수 있다는 위협이 두려워 백인 미국 문화에 동화하려는 압박이 있었을 것이다. '우리는 인내했으니까 이제 앞으로 나아가자'는 것이 지배적 태도였다.

활동가이자 작가, 영화감독이면서 심리치료사인 사츠키 이나는 툴레이크 수용소에서 태어났다. 2019년, 그녀는 침묵이 여러 세대에 걸쳐 끼친 폐해에 대해 목소리를 냈다.

"제 부모님은 미국 시민권이 없는 미국인으로서, 범죄를 저지른 적도 없고 신체적 포로 상태에서 풀려났지만 여전히 자유롭지 못한 상태로 여러 해를 살아왔습니다. 저는 이 사실을 이해하는 데 평생이 걸렸습니다. 부모님은 고개를 숙이고 불평불만 없이 열심히 일했습니다. 저와 제 형제는 선한 행동으로 가족의 안정된 미래를 지켜야 했습니다. 무언의 수치심과 불안감은 모범적인 소수자, 불만이나 분노를 표출하지 않는 110% 충성스러운 미국인이 되어야 한다는 압박감의 밑바탕에 깔려 있었습니다. 그것은 우리가 누구인지, 어떻게 보이는지, 인생에서 마땅히 누려야 하는 것이 무엇이지 정의하면서 우리 아이들에게 대물림되었습니다. 우리는 불평하지 않고, 취약해지지 않으며, 끝없이 노력해야 한다고 배웠습니다."

아시아계 미국인처럼 다양한 집단이 하나의 단일체로 통합되면, 그들은 언제나 '진짜' 미국인의 경험 외부에 있는 영원한 이방인으로 여겨질 것이다. 백인 우월주의의 교묘한 도구인 모범적 소수자 신화 해체는 아시아계 미국인과 다른 유색인종들에게 이익이 될 수 있다.

막연한 공포와 두려움 대신 이해와 환대를
옮긴이의 말

강효원

일본과 일본인을 생각하면 가장 먼저 떠오르는 이미지는 아무래도 식민 지배의 가해자로서의 이미지입니다. 그런데 이곳에서는 가해자였던 사람들이 저곳에서는 피해자가 되기도 합니다. 도대체 무엇이 누군가를 가해자로 만들기도 하고 피해자로 만들기도 할까요?

제2차 세계대전 중, 미국 연방 정부는 자국민 보호라는 명분으로 미국 서부 해안 지역에 살고 있던 약 12만 명의 일본계 미국인들을 대규모 집단 수용소로 강제 이주시키는 행정명령을 내렸습니다. 일본계라고는 하지만 이들 중 3분의 2는 미국에서 태어난 미국 시민들이었는데 말이죠. 이들 중 전쟁 중 첩보 활동 혐의로 기소된 사람은 아무도 없었는데도, 살던 곳을 떠나 머나먼 불모지에 자리 잡은 격리 수용소로 열 곳으로 가야만 했습니다. 철조망 울타리로 둘러쳐져 있고 무장 경비들이 지키는, 말 그대로 강제수용소였지요. 도대체 왜 일본계 시민들은, 어느 날 갑자기 자신의 집에서 쫓겨나 여러 해 동안 강제수용소에 격리되어야만 했을까요? 이 책은 어느 공동체에나 있는, 낯설고 생소한 존재들에 대한 이야기라고 할 수 있습니다. 사람들이 친숙하지 않은 대상에 대해 은연중 지니고 있던 차별과 편견의 시선을 드러내는 것은 감당하기 힘든 사건을 마주하는 순간입니다. 전쟁이나 재해처럼 이전에 경험한 적 없는 커다란 위기가 닥치면, 이 불의와 불행을 탓할 누군가를 가까운 곳에서 찾으려 들게 되는 법이니다. 설명할 수 없는 거대한 불행 앞에서 분노와 두려움이 평소 생경했던 우리 사회 속의 낯선 존재들을 향하는 것이죠.

당시 유럽계 백인 이민자가 주류였던 미국 사회의 일원으로 완전히 받아들여지지 못했던 아시아계 이민자들에 대한 차별과 편견이 폭발한 계기도 전쟁이었습니다. 소수자/타자는 언제나 개인이라기보다는 전체적인 집단으로 먼저 인식되는 법이거든요. 적국의 사람들과 같은 언어를 사용하고 같은 얼굴을 하고 있다는 이유만으로, 사람들이 지닌 다양한 결의 개별성은 지워지고 일본인이라는 단일한 정체성으로만 묶여 하나의 집단처럼 취급해 버린 것입니다.

일본 관동대지진 당시 재일 조선인들이 우물에 독을 풀었다던 거짓 루머가 조선인 학살로까지 이어졌던 과거는 피부색이 같고 외모도 비슷하지만, 사용하는 언어와 생활 풍습이 달랐던 낯선 조선인들에게 느꼈던 불안과 공포가 한 치 앞을 예측할 수 없는 재앙 앞에서, 얼마나 잔인한 비극으로 이어질 수 있는지 보여 줍니다.

1920년대 미국 뉴욕 월스트리트에서 터진 폭탄 테러로 38명이 사망한 직후 「워싱턴포스트」에는 "미국은 더 이상 유럽에서 넘어오는 이민자들을 받아서는 안 된다."라며 폭탄 테러로 깨진 평온을 '우리 안에 들어와 있지만 우리는 아닌' 이민자들의 탓으로 돌리는 사설이 실린 적도 있었죠. 지금은 미국 사회의 주류로 편입한 백인 유럽 이민자들도 한때는 '다르고 낯선 이들'로 차별의 대상이었던 것입니다. 사실, 낯설고 익숙하지 않은 존재들을 접할 때 느껴지는 막연한 두려움과 거부감은 자연스럽고 본능적인 것이지만, 그렇다고 차별을 정당화할 수는 없는 노릇이죠. 즉, 차별과 배제는 특별한 노력 없이도 자연스럽고 손쉽게 이루어지지만, 낯설고 익숙하지 않은 존재에 나를 이입하여 상상해 보고, 이들에 대한 두려움과 배타적 감정을 넘어서는 것은 의식적인 노력이 필요한 일입니다.

비슷한 종류의 불행도 얼마나 친숙한 대상인지에 따라 감정의 이입도가 달라지기 마련입니다. 영화나 여러 매체를 통해 구체적 일상의 순간들을 무수하게 접해 왔던 이른바 제1세계의 풍경 속에서 일어나는 사건, 사고, 테러와 같은 일들은 내 일처럼 익숙하고 실감 나게 느껴지는 데 비해, 제3세계 분쟁 지역에서 일어나는 수많은 불행한 사건은 머나먼 남 일처럼 느껴지는 까닭은 무엇일까요? 그간 뉴스 기사 등에서 대상화된 풍경으로만 접했을 뿐, 그들의 삶과 감정을 간접적으로나마 체험할 기회가 없었기 때문이라고 생각합니다.

이 책은 당시의 사진들과 그림을 통해 그 시공간 속으로, 지금의 우리처럼 희망을 품고 숨 쉬며 살아갔을 그 사람들의 세계로 우리를 데려가서 그들이 경험한 일상을 들려줍니다. 짧은 글귀가 곁들여진 사진과 그림에서 사막의 열기와 먼지에 실린 그들의 불안과 당혹감이 고스란히 느껴져서, 느닷없는 통보에 정든 일터와 집을 뒤로한 채 낯선 황무지를 향해 떠나야 했던 사람들의 모습에 나를 겹쳐 볼 수 있었죠. 이것이 바로 이 책이 지닌 힘입니다.

우리의 의지와 무관하게 각자 처한 상황에 따라, 우리는 낯선 이방인들을 손가락질하는 존재가 될 수도 있고, 손가락질받으며 불이익을 당하는 존재가 될 수도 있습니다. 이 이야기는 오늘날 이 땅을 살아가는 우리가 크고 작은 불행들을 겪으면서 맞닥뜨리게 되는 막연한 두려움을 우리 안의 무수한 이방인들에게 투영해 책임을 전가하고 있지는 않은지 돌아보게 합니다. 그리고 누구나 이런 어리석음을 반복하지 않도록, 그리고 우리와 다른 낯선 이들을 나와 같은 감정을 지닌 존재로 이해하고 조금 더 따뜻한 환대를 건네는 힘을 키울 수 있게 해 줍니다.

출처

17쪽

"나도 모르겠구나. 너희 엄마와……"
"Internment," United States House of Representatives: History, Art & Archives, https://history.house.gov/Exhibitions-and-Publications/APA/Historical-Essays/Exclusion-to-Inclusion/Internment/.

20쪽

"단어라는 것은 거짓도……"
Aiko Herzig-Yoshinaga, "Glossary of Terms Related to the World War II Incarceration of Japanese Americans," Discover Nikkei, 2009, revised 2010, https://media.discovernikkei.org/articles/3271/RevisedWordsCanLieorClarify-Glossary.pdf, 1.

31쪽

"우리를, 신뢰할 수 없고……"
Jasmine Alinder, Moving Images: Photography and the Japanese American Incarceration (Urbana: University of Illinois Press, 2011), 101.

35쪽

"모든 일본계 미국인이……"
Satsuki Ina, "Tule Lake Reunion Symposium," Children of the Camps, PBS, June 1998, https://www.pbs.org/childofcamp/project/remarks.html.

39쪽

"끔찍했어요……"
Gary Y. Okihiro, ed., Encyclopedia of Japanese American Internment (Santa Barbara, CA: Greenwood, 2013), 226.

41쪽

"모두가 외로웠고……"
Jessie Kindig, "The Ghost of Japanese Internment," Jacobin, December 30, 2016, https://jacobinmag.com/2016/12/trump-muslim-registry-japanese-internment-wwii-concentration-camps/.

46쪽

"내 아이들이 철조망 뒤에……"
Richard Cahan and Michael Williams, Un-American: The Incarceration of Japanese Americans During World War II (Chicago: CityFiles Press, 2016), 119.

50쪽

"아침에 일어나서……"
Diana Mar, "Ansel Adams' Photos: 40 Years of Controversy," Los Angeles Times, July 28, 1985, https://www.latimes.com/archives/la-xpm-1985-07-28-ca-5324-story.html.

53쪽

"음식, 쉼터, 의료 및 구호……"
Harlan D. Unrau, "Operation of Manzanar War Relocation Center March–December, 1942 (continued)," chap. 10 in Manzanar: Historic Resource Study/Special History Study, National Park Service, 1996, updated January 1, 2002, https://www.nps.gov/parkhistory/online_books/manz/hrs10h.htm.

54쪽

"이것이 우리가 한 일……"
Dorothea Lange, KQED San Francisco Audio Recording 1964–65, Dorothea Lange Archives, Oakland Museum of California.

59쪽

"카메라 렌즈를 몰래……"
Robert Nakamura, Toyo Miyatake: Infinite Shades of Gray (Los Angeles: Frank H. Watase Media Arts Center, 2001), DVD.

"나는 모든 것을 기록해야……" 같은 자료.

68쪽

"전열을 유지하라……"
Emiko Omori, Rabbit in the Moon (Portland, OR: Wabi-Sabi, 1999), DVD.

70쪽

"저 죽고 싶지 않아요……"
"Paul Takagi Interview," Densho Digital Archive, March 16, 2011, https://ddr.densho.org/media/ddr-densho-1000/ddr-densho-1000-327-transcript-94c23f44e8.htm.

"저들은 우리에게 또 어떤……" 같은 자료.

73쪽

"우리를 수용소에 가두고……"
"Manzanar ID Card," National Park Service, March 2008, https://www.nps.gov/manz/learn/education/upload/Miyatake-Archie.pdf.

84쪽

"당신들은 나를 가둘 수 없을……"
Cory Shiozaki, The Manzanar Fishing Club (From Barbed Wire to Barbed Hooks LLC, 2012), DVD.

86쪽

"위험을 감수할 만한……" 같은 자료.

94쪽

"우뚝 솟은 산으로……"
Ansel Adams, Born Free and Equal (New York: US Camera, 1944), 9, https://www.loc.gov/collections/ansel-adams-manzanar/articles-and-essays/ansel-adams-book-born-free-and-equal/.

96쪽

"앞이 안 보여요!"
Braden Goyette, "What It Was Like to Be a Kid in the Middle of a Shameful Chapter in American History," HuffPost, May 12, 2014, updated December 6, 2017, https://www.huffpost.com/entry/joyce-nakamura-okazaki-manzanar_n_5289723.

103쪽

"사진에 담긴 모든 것이……"
"Taira Fukushima Interview," Densho Digital Archive, August 9, 2011, https://ddr.densho.org/media/ddr-manz-1/ddr-manz-1-124-transcript-9303091919.htm.

105쪽

"맨재너를 떠나는 당신에게……"
"Relocation Papers," National Park Service, October 22, 1945, https://www.nps.gov/museum/exhibits/manz/exb/Camp/DailyLife/scans/MANZ_0055_03_002_02_RelocationPapers.html.

113쪽

"루스벨트 대통령 행정부의……"
Washington Evening Star, September 23, 1946, https://amhistory.si.edu/perfectunion/non-flash/internment_permanent.html.

115쪽

"천황을 숭배하는 의식이……"
J. L. (John Lesesne) DeWitt et al., Final Report: Japanese Evacuation from the West Coast, 1942 (Washington, D.C.: United States Government Printing Office, 1943), vii, http://archive.org/details/japaneseevacuati00dewi.

"강제 이주와 구금을……"
Peter Irons, Justice at War: The Story of the Japanese-American Internment Cases (Berkeley: University of California Press, 1983), 285.

"참모총장에게 제출하는……" 같은 책, 209.

116~117쪽

"누구든지 적법한 절차에……"
US Constitution, Amendment 5, https://constitution.congress.gov/constitution/amendment-5/.

"미국 시민을 명백히……"
Scott Bomboy, "Did the Supreme Court Just Overrule the Korematsu Decision?," Constitution Daily (blog), National Constitution Center, June 26, 2018, https://constitutioncenter.org/blog/did-the-supreme-court-just-overrule-the-korematsu-decision.

"(코레마츠) 판결이 내려졌던……" 같은 자료.

"저의 질문은 언제나……"
Theresa Walker, "The Girls of Manzanar," Orange County Register, September 22, 2012, https://www.ocregister.com/2012/09/22/the-girls-of-manzanar/.

118~119쪽

"나를 형성하고……"
"Dorothea Lange: The Making of a Documentary Photographer," interview by Suzanne Riess, 1968, Regional Oral History Office, The Bancroft Library, University of California, Berkeley, 27, https://digitalassets.lib.berkeley.edu/roho/ucb/text/lange_dorothea__w.pdf.

"장엄한 불모지에서……"
"Ansel Adams's Photographs of Japanese-American Internment at Manzanar—About This Collection," Library of Congress, Washington, D.C., https://www.loc.gov/collections/ansel-adams-manzanar/about-this-collection/.

"미국인의 삶의 흐름 속에……"
Jasmine Alinder, Moving Images: Photography and the Japanese American Incarceration (Urbana: University of Illinois, 2011), 49.

122~123쪽

"선한 행위를 통해……"
Linda Gordon and Gary Y. Okihiro, eds., Impounded: Dorothea Lange and the Censored Images of Japanese American Internment (2006; repr., New York: W. W. Norton & Company, 2008), 29.

"전쟁 수용소가 문 닫은 지……"
William Pettersen, "Success Story, Japanese-American Style," New York Times, January 9, 1966, https://www.nytimes.com/1966/01/09/archives/success-story-japaneseamerican-style-success-story-japaneseamerican.html.

"제 부모님은 미국 시민권이……"
"Satsuki Ina (Full Keynote Speech at Densho Dinner 2019)," Densho, November 8, 2019, https://www.youtube.com/watch?v=uGNHhScOpFo&list=PLt57iTBJHHjB-U350WPr1D-vI34TKnfuds&index=23.

사진 출처

9쪽

Miyatake, Toyo. Wedding Portrait of Mr. and Mrs. Toyama, December 7, 1941. Courtesy of Toyo Miyatake Studio.

12쪽

Lange, Dorothea. As evacuation of residents of Japanese ancestry progressed in April 1942, this sign, advertising a swimming pool, was posted in many San Francisco districts, 1942. National Archives at College Park, Maryland.

13쪽

Lange, Dorothea. A large sign reading "I am an American" placed in the window of a store, at [401–403 Eighth] and Franklin streets, on December 8, the day after Pearl Harbor. The store was closed following orders to persons of Japanese descent to evacuate from certain West Coast areas, Oakland, California, March 1942. National Archives at College Park, Maryland.

16쪽

Lange, Dorothea. Children pledge allegiance to the flag at the Weill Public School, San Francisco, California, April 1942. National Archives at College Park, Maryland.

19쪽

Instructions to All Persons of Japanese Ancestry, 1942. John M. Flaherty Collection of Japanese Internment Records, SJSU Special Collections & Archives, digitalcollections.archives.csudh.edu/digital/collection/p16855coll4/id/5863/.

21쪽

Illustration based on: Lange, Dorothea. Detail from Newspaper rack, "San Francisco Examiner," Oakland, California, February 1942. National Archives at College Park, Maryland.

24쪽

Lange, Dorothea. Japanese family heads and persons living alone form a line outside Civil Control station located in the Japanese American Citizens League Auditorium at 2031 Bush Street, to appear for processing in response to Civilian Exclusion Order No. 20, San Francisco, California, April 1942. Courtesy of the Bancroft Library, University of California, Berkeley.

25쪽

Lange, Dorothea. A farm house in the rural section where farmers of Japanese ancestry raised their truck garden crops, Mountain View, California, April 1942. National Archives at College Park, Maryland.

28쪽

Lange, Dorothea. A mother of Japanese ancestry is shown packing strawberries in a field a few days before evacuation, Florin, California, May 1942. Courtesy of the Bancroft Library, University of California, Berkeley.

29쪽

Lange, Dorothea. Tenant farmer of Japanese ancestry who has just completed settlement of their affairs and everything is packed and ready for evacuation on the following morning to an assembly center, Woodland, California, May 1942. National Archives at College Park, Maryland.

30쪽

Thomas Sasaki's identification tag. Courtesy of Thomas Sasaki.

Lange, Dorothea. The Mochida family awaiting evacuation, Hayward, California, May 1942. National Archives at College Park.

38쪽

Lange, Dorothea. This scene shows one type of barracks for family use. These were formerly the stalls for race horses. Each family is assigned to two small rooms, the inner one, of which, has no outside door nor window, Tanforan Assembly Center, California, June 1942. National Archives at College Park, Maryland.

39쪽

Lange, Dorothea. Old Mr. Konda in barrack apartment, after supper. He lives here with his two sons, his married daughter and her husband. They share two small rooms together. His daughter is seen behind him, knitting. He has been a truck farmer and raised his family who are also farmers, in Centerville, Alameda County, where his children were born, Tanforan Assembly Center, California, June 1942. Courtesy of the Bancroft Library, University of California, Berkeley.

43쪽

Lange, Dorothea. Typical Issei, Manzanar War Relocation Center, California, July 1942. Courtesy of the Bancroft Library, University of California, Berkeley.

Lange, Dorothea. Part of a line waiting for lunch outside the mess hall at noon, Manzanar War Relocation Center, California, July 1942. Courtesy of the Bancroft Library, University of California, Berkeley.

Lange, Dorothea. Young evacuee on steps of the library which has just been established at this assembly center under the direction of a Mills College graduate, a professional librarian of Japanese ancestry, Tanforan Assembly Center, California, June 1942. Courtesy of the Bancroft Library, University of California, Berkeley.

Lange, Dorothea. A mother of Japanese ancestry is shown packing strawberries in a field a few days before evacuation, Florin, California, May 1942. Courtesy of the Bancroft Library, University of California, Berkeley.

Lange, Dorothea. A soldier and his mother at a strawberry field. The soldier, age 23, volunteered July 10, 1941, and is stationed at Camp Leonard Wood, Missouri. He was furloughed to help his mother and family prepare for their evacuation, Florin, California, May 1942. Courtesy of the Bancroft Library, University of California, Berkeley.

46~47쪽

Lange, Dorothea. Dust storm at this War Relocation Authority Center, Manzanar War Relocation Center, California, July 1942. National Archives at College Park, Maryland.

48쪽

Lange, Dorothea. A typical interior scene in one of the barrack apartments at this center. Note the cloth partition which lends a small amount of privacy, Manzanar War Relocation Center, California, June 1942. Courtesy of the Bancroft Library, University of California, Berkeley.

49쪽

Lange, Dorothea. More land is being cleared of sage brush at the southern end of the project to enlarge this War Relocation Authority center, Manzanar War Relocation Center, California, June 1942. National Archives at College Park, Maryland.

Lange, Dorothea. An elementary school with voluntary attendance has been established with volunteer evacuee teachers, most of whom are college graduates. No school equipment is as yet obtainable and available tables and benches are used. However, classes are often held in the shade of the barrack building at this War Relocation Authority center, Manzanar War Relocation Center, California, July 1942. National Archives at College Park, Maryland.

52쪽

Lange, Dorothea. Guayule beds in the lathhouse at the Manzanar Relocation Center, Manzanar War Relocation Center, California, June 1942. National Archives at College Park, Maryland.

53쪽

Lange, Dorothea. Making camouflage nets for the War Department. This is one of several War and Navy Department projects carried on by persons of Japanese ancestry in relocation centers, Manzanar War Relocation Center, California, July 1942. National Archives at College Park, Maryland.

55쪽
Lange, Dorothea. Grandfather and grandson of Japanese ancestry at this War Relocation Authority center, Manzanar War Relocation Center, California, July 1942. National Archives at College Park, Maryland.

60쪽
Replica of Toyo Miyatake's box camera, built by Archie Miyatake, ca. 1980. Miyatake Collection, Manzanar National Historic Site, US National Park Service.

65쪽
Miyatake, Toyo. Manzanar Block 20 Men's Latrine, Manzanar War Relocation Center, California, ca. 1943. Courtesy of Toyo Miyatake Studio.

Miyatake, Toyo. Manzanar Watch Tower, Manzanar War Relocation Center, California, ca. 1943. Courtesy of Toyo Miyatake Studio.

73쪽
Selective Service System, WRA Form: Statement of United States Citizen of Japanese Ancestry, July 1943. Guy and Marguerite Cook Nisei Collection, Holt-Atherton Special Collections, University of the Pacific Library, Stockton, California. scholarlycommons. pacific.edu/cook-nisei/133/.

75쪽
Miyatake, Toyo. A Soldier Tells His Parents Goodbye before Leaving for the Front, Manzanar War Relocation Center, California, ca. 1943. Courtesy of Toyo Miyatake Studio.

81쪽
Miyatake, Toyo. Mr. and Mrs. Tani's Wedding, Manzanar War Relocation Center, California, ca. 1943. Courtesy of Toyo Miyatake Studio.

83쪽
Miyatake, Toyo. Pounding Mochi for New Year's, Manzanar War Relocation Center, California, ca. 1943. Courtesy of Toyo Miyatake Studio.

87쪽
Miyatake, Toyo. Heihachi "Joe" Ishikawa's Golden Trout, Manzanar War Relocation Center, California, ca. 1943. Courtesy of Toyo Miyatake Studio.

90쪽
Citizen's Indefinite Leave Card. Courtesy of the County of Inyo, Eastern California Museum. www.skirball.org/media/image/7736.

92~93쪽
Adams, Ansel. Manzanar Street Scene, Clouds, Manzanar War Relocation Center, California, 1943. Library of Congress, Washington, D.C., Prints and Photographs Division.

94쪽
Adams, Ansel. Richard Kobayashi, Farmer with Cabbages, Manzanar War Relocation Center, California, 1943. Library of Congress, Washington, D.C., Prints and Photographs Division.

95쪽
Adams, Ansel. Unloading Produce Truck, Tsutomu Fuhunago, Manzanar War Relocation Center, California, 1943. Library of Congress, Washington, D.C., Prints and Photographs Division.

96쪽
Adams, Ansel. Mrs. Yaeko Nakamura and Her Two Children [Joyce Yuki (right) and Louise Tami (left)], Manzanar War Relocation Center, California, 1943. Library of Congress, Washington, D.C., Prints and Photographs Division.

98~99쪽
Adams, Ansel. Nurse Aiko Hamaguchi, Mother Frances Yokoyama, Baby Fukumoto, Manzanar War Relocation Center, California, 1943. Library of Congress, Washington, D.C., Prints and Photographs Division.

100쪽
Adams, Ansel. Girl and Volleyball, Manzanar War Relocation Center, California, 1943. Library of Congress, Washington, D.C., Prints and Photographs Division.

101쪽
Adams, Ansel. Volleyball, Manzanar War Relocation Center, California, 1943. Library of Congress, Washington, D.C., Prints and Photographs Division.

102~103쪽
Left to right: Adams, Ansel. Catherine Natsuko Yamaguchi, Red Cross Instructor; Kenji Sano; Louise Tami Nakamura; and Little Boy, Katsumi Yoshimura, Manzanar War Relocation Center, California, 1943. Library of Congress, Washington, D.C., Prints and Photographs Division.

104쪽
Train ticket and relocation papers. Courtesy of Matsumura and Wakamatsu Family Collection, Manzanar National Historic Site, California.

105쪽
Adams, Ansel. Packing Up, Manzanar War Relocation Center, California, 1943. Library of Congress, Washington, D.C., Prints and Photographs Division.

106쪽
Miyatake, Toyo. Hand and Barbed Wire, Manzanar War Relocation Center, California, ca. 1944. Courtesy of Toyo Miyatake Studio.

118쪽
Partridge, Rondal. Dorothea Lange, 1936.
© 2021 Rondal Partridge Archives.

Adams, Ansel. Toyo Miyatake (Photographer), Manzanar War Relocation Center, California, 1943. Library of Congress, Washington, D.C., Prints and Photographs Division.

Cunningham, Imogen. Ansel Adams, 1953.
© Imogen Cunningham Trust.

120쪽
Partridge, Rondal. Elizabeth Partridge and Dorothea Lange, 1961. © 2021 Rondal Partridge Archive.

121쪽
Photographer unknown. George Takakazu Tamaki and his class at the Minto camp in British Columbia, Canada, ca. 1943. Courtesy of Grace Eiko Thomson.